Os Inventos no Cenário Empresarial
Aspectos Econômicos e Trabalhistas

*Ao memorável advogado trabalhista,
inesquecível amigo e grande incentivador
Dr. Carlos Eduardo Chermont de Britto*

SILVIA CORREIA

Procuradora Trabalhista da INFRAERO. Advogada e Professora especializada em Direito Material e Processual do Trabalho. Mestre em Direito Econômico pela Universidade Cândido Mendes (UCAM-RJ).

Os Inventos no Cenário Empresarial

Aspectos Econômicos e Trabalhistas

EDITORA LTDA.
© Todos os direitos reservados

Rua Jaguaribe, 571
CEP 01224-001
São Paulo, SP — Brasil
Fone (11) 2167-1101
www.ltr.com.br

Produção Gráfica e Editoração Eletrônica: R. P. TIEZZI
Projeto de Capa: FABIO GIGLIO
Impressão: DIGITAL PAGE
LTr 4758.1
Agosto, 2013

Dados Internacionais de Catalogação na Publicação (CIP)
(Câmara Brasileira do Livro, SP, Brasil)

Correia, Silvia
  Os inventos no cenário empresarial : aspectos econômicos e trabalhistas / Silvia Correia. — São Paulo : LTr, 2013.

  Bibliografia
  ISBN 978-85-361-2659-3

  1. Contrato de trabalho 2. Direito de autor — Leis e legislação 3. Direito do trabalho 4. Inovações tecnológicas 5. Propriedade industrial — Leis e legislação 6. Propriedade intelectualI. Título.

13-08007   CDU-34:331.1

Índice para catálogo sistemático:

1. Propriedade industrial e propriedade intelectual nas relações de trabalho : Direito do trabalho   34:331.1

Dedico este trabalho aos meus amados pais pelo nobre empenho na minha formação. Ao meu pai, José Martins (in memorian), *pela grande herança que me deixou: educação e dignidade, e à minha mãe, Edwiges, pelo amor e apoio incondicional e incessante em todas as minhas batalhas e conquistas.*

Dedico, de modo especial, ao meu amado companheiro e esposo Bento, por compreender e suportar inúmeras horas de ausência familiar, pela imensa e inigualável cumplicidade e pelo constante incentivo ao alcance de minhas realizações.

Dedico, principalmente, ao meu filho Enzo, razão maior de todos os meus feitos, e que sempre será a maior e melhor obra da minha vida.

Agradeço ao Professor e Diretor do Programa de Mestrado da Universidade Cândido Mendes, meu querido Orientador, Dr. João Marcelo de Lima Assafim, pela sua admirável paciência, vasta pesquisa e incentivo incansável da criação a conclusão deste trabalho.

Reconheço ainda, com imensa gratidão, o valioso tempo de pessoas especialíssimas que, sem terem direito a recusa, ajudaram-me a construir muitas das linhas desta obra: Elisa Martins, Silvia Lira, Ricardo Gondim e Juliana Foch.

Agradeço aos adorados amigos que a vida me abençoou, pelo apoio ímpar prestado durante todo o tempo que me dediquei ao Curso de Mestrado, que resultou nesta obra.

Agradeço e também dedico aos meus estimados alunos de ontem e hoje, pelo honrado crédito que depositam aos meus limitados conhecimentos.

Agradeço a Deus que, em sua infinita bondade, contempla constantemente a minha existência com saúde, amor e realizações.

Sumário

Prefácio 11

1. Introdução 13

2. Marco Histórico da Propriedade Industrial do Direito Estrangeiro e no Brasil 20

2.1. O surgimento da propriedade industrial no mundo 20

2.2. O surgimento da regulamentação da propriedade industrial no Brasil .. 21

2.3. A evolução da regulamentação sobre propriedade industrial no Brasil 24

3. Precedentes Conceituais da Propriedade Industrial 26

3.1. Propriedade intelectual e propriedade industrial 26

   3.1.1. O direito do autor e direito do inventor 27

   3.1.2. A proteção ao direito à patente 28

      3.1.2.1. O direito de pedir a patente 31

      3.1.2.2. O direito ao pedido de patente 31

      3.1.2.3. O direito exclusivo resultante da constituição do privilégio ... 32

      3.1.2.4. O direito ao segredo 32

      3.1.2.5. O direito de paternidade 32

      3.1.2.6. O direito de nominação 33

      3.1.2.7. O direito à titularidade 34

3.1.3. Da propriedade industrial 34
    3.1.3.1. A proteção às marcas 36
    3.1.3.2. A proteção às patentes 37
    3.1.3.3. A proteção aos desenhos industriais 38

4. A Produção Inventiva Como Fator de Inovação Tecnológica 41
4.1. O papel das invenções no desenvolvimento tecnológico 41
4.2. O sistema nacional de inovação 43
4.3. A relação universidade-empresa 51

5. Os Estímulos à Inovação e à Pesquisa Científica e Tecnológica no Brasil 54
5.1. O conceito de inovação 54
5.2. A política de incentivos à pesquisa e ao desenvolvimento das empresas e à inovação no Brasil: o sistema nacional de inovação 55
5.3. Financiamento público à inovação no Brasil 58
5.4. Dos incentivos fiscais às atividades de pesquisa e desenvolvimento à inovação 62
5.5. A lei de inovação: Lei n. 10.973/2004 62
5.6. A Lei n. 11.196/2005 — a lei do bem 64

6. As Invenções no Contrato de Trabalho — Aspectos Legislativos 68
6.1. A criação intelectual e a proteção normativa aplicável às suas manifestações 68
6.2. A lei de propriedade industrial, Lei n. 9.279, de 14 de maio de 1996 71
    6.2.1. A classificação das invenções trabalhistas e seus efeitos quanto à titularidade 72
        6.2.1.1. As invenções de serviço 74
        6.2.1.2. As invenções mistas 77
        6.2.1.3. As invenções livres 83
6.3. Dos direitos autorais do inventor-empregado 84
    6.3.1. O direito moral 84
    6.3.2. O direito a uma compensação econômica 85

6.4. AS INVENÇÕES TRABALHISTAS NÃO ORIUNDAS DE CONTRATO DE EMPREGO E SEUS EFEITOS QUANTO À TITULARIDADE 90

    6.4.1. DO SERVIDOR PÚBLICO INVENTOR 90

    6.4.2. MERA PARTICIPAÇÃO DO EMPREGADO (CUNHO CIVIL) 91

    6.4.3. DOS ESTAGIÁRIOS 91

7. AS PRESUNÇÕES LEGAIS DE TITULARIDADE SOBRE PRODUÇÕES INVENTIVAS NO CONTRATO DE TRABALHO COMO FATOR INIBIDOR DO DESENVOLVIMENTO 93

7.1. AS QUESTÕES TRAZIDAS PELA LEI DE INOVAÇÃO: LEI N. 10.973/2004 93

7.2. UMA ANÁLISE ECONÔMICA E SOCIAL DOS ASPECTOS LEGISLATIVOS APLICÁVEIS ÀS INVENÇÕES LABORATIVAS 94

7.3 AS PRESUNÇÕES DE TITULARIDADE LEGAIS E SEUS REFLEXOS NA JURISPRUDÊNCIA ... 106

CONCLUSÃO 117

REFERÊNCIAS BIBLIOGRÁFICAS 121

Prefácio

A realidade brasileira no cenário econômico internacional é de ascensão. De país subdesenvolvido, historicamente vitimado pela feroz inflação, que crescia em ritmo galopante, e pela corrente instabilidade econômica, que o mantinha na posição de compulsivo tomador de empréstimos, passou a figurar ao lado de grandes potências, como os Estados Unidos da América do Norte, a China, o Japão, a Alemanha e a França, ocupando, hoje, a 6ª posição no *ranking* da economia mundial.

Passou, pois, de mero coadjuvante a ator principal.

Tal mudança impôs, e continua a impor, às indústrias e empresas nacionais que alcancem, de forma constante e contínua, consideráveis avanços tecnológicos para assegurar a manutenção do país no honroso rol a que foi merecidamente conduzido.

É indiscutível: a capacidade criativa brasileira é mundialmente reconhecida. Contudo, a realidade evidencia que, no Brasil, a invenção e a criação intelectual ainda são pouco estimuladas, recebendo parcos incentivos públicos e tímidas iniciativas privadas.

No entanto, é desta ainda pouco incentivada produção criativa que advém a mola propulsora do avanço tecnológico nacional; é nela que repousam as esperanças pátrias de manutenção da ascensão experimentada nos últimos anos.

Para agravar o cenário que ora se apresenta, apesar de sua indiscutível importância, o Direito das Invenções ainda é terreno árido na doutrina jurídica brasileira; o assunto, considerado nebuloso e polêmico por juristas, advogados, empresários e estudiosos, carece de uma maior produção literária e jurisprudencial.

Este cenário de insegurança aporta grave impacto negativo à atividade empreendedora, e, por via de consequência, ao alcance das metas políticas do Sistema Nacional de Inovação, a medida que arrefece, ou mesmo freia, a produção intelectual.

É neste contexto que a autora, reconhecendo a importância do tema e sua lastimável orfandade doutrinária, se lança, corajosamente, na árdua missão de abordar o assunto de forma prática e didática, despertando o leitor para os aspectos mais relevantes da dinâmica contratual e extracontratual dos inventos e suas repercussões nas mais intrincadas relações jurídicas.

Após reunir elementos quanto à natureza jurídica das patentes e do direito do inventor, faz-se uma análise da real extensão dos limites legais conferidos a estes institutos, sejam imediatamente, no âmbito contratual de uma relação de trabalho, sejam em caráter mediato, nas suas repercussões no sistema nacional de inovação que preconiza a produção inventiva por meio das atividades de Pesquisa e Desenvolvimento.

Ao discorrer sobre o tema, enfrenta questões importantes quanto aos limites à presunção de titularidade dos empresários sobre a produção inventiva de seus empregados, confrontando as "invenções livres" com as "de serviço" e a figura da coparticipação no processo inventivo. Ainda, traz importantes questionamentos sobre políticas públicas, industriais e de inovação tecnológica; a natureza jurídica das patentes e do direito do inventor; os atributos de cunho meramente autoral e seus efeitos legais; os sistemas administrativos voltados ao estímulo da pesquisa científica e tecnológica.

A obra destaca como problemática a instabilidade jurídica para relações contratuais específicas nas quais o trabalhador-pesquisador desenvolve invenções na fronteira do objeto delimitado no contrato de trabalho, ou mesmo em situações de imprevisão, e se vislumbra grande dificuldade de inferir se houve ou não o concurso de recursos do empregador.

Ainda, mais do que permanecer na esfera estritamente doutrinária, a autora aprofunda-se na análise do ordenamento jurídico nacional, trilhando, de forma agradável à leitura, o caminho da evolução histórica da legislação pátria sobre o tema para, ao fim, apontar os rumos a seguir, sempre em consonância com os princípios constitucionais.

A importância do tema e a qualidade técnica desta produção intelectual tornam a leitura mais do que apenas recomendável, imperativa àqueles que queiram sair do lugar comum do conhecimento superficial para descortinar este novo mundo que a autora, generosamente, vem compartilhar com a comunidade jurídica.

Alexandre Agra Belmonte
Ministro do TST

1

Introdução

Este livro teve como origem um trabalho de conclusão do Curso de Mestrado em Direito Econômico prestado na Universidade Cândido Mendes, com o intento abordar os limites legais à presunção de titularidade dos empresários sobre a produção inventiva de seus trabalhadores e pesquisadores.

Ao analisar o universo da pesquisa tecnológica no ambiente laboral e suas criações no cenário empresarial, este vem atender a um anseio de Mestrado, que voltado para os estudos da sua Área de Concentração, qual seja, Direito Econômico e Desenvolvimento, ao buscar e estimular a investigação multidisciplinar da intervenção dos poderes públicos na economia, seja na concepção e realização de políticas públicas, industriais e de inovação tecnológica, seja na aplicação dos princípios inerentes à ordem econômica ou outros aspectos próprios ao direito econômico.

Neste contexto, este livro surge como decorrência de vasta pesquisa acadêmica do aspecto jurídico na gestão da propriedade intelectual e da inovação, fatores indeléveis para o desenvolvimento econômico, além de possuir uma feição interdisciplinar, interagindo com as áreas dos Direitos Contratual, do Trabalho e da Concorrência.

Após reunir elementos quanto à natureza jurídica das patentes e do direito do inventor, passa-se a uma análise da real extensão dos limites legais conferidos a estes institutos, sejam imediatamente, no âmbito contratual de uma relação de trabalho, sejam em caráter mediato, nas suas repercussões no sistema nacional de inovação que preconiza a produção inventiva através das atividades de Pesquisa e Desenvolvimento.

Apresenta-se como situação-problema a ser abordada neste trabalho, a instabi-lidade jurídica para relações contratuais específicas nas quais o trabalhador-pesquisador desenvolve invenções na fronteira do objeto delimitado no contrato de trabalho, ou mesmo em situações de imprevisão, e se vislumbra grande dificuldade de inferir se houve ou não o concurso de recursos do empregador.

A consequência deste cenário de insegurança evidencia-se no impacto negativo sobre a atividade empreendedora em vários aspectos: arrefecendo ou mesmo freiando a produção intelectual, e por conseguinte comprometendo a divulgação de concepções técnicas novas e aperfeiçoamentos, a redução dos níveis de licenciamento, fatores inegáveis de significativas perdas nas metas políticas do Sistema Nacional de Inovação.

Assim, o primeiro capítulo apresenta historicamente a evolução do reconhecimento e da valoração da propriedade industrial no Brasil e no mundo, a fim de que se possa demonstrar que o progresso econômico sempre foi o grande fundamento de qualquer política ou norma de incentivo às criações.

Dada a gama de conceitos que giram em torno das acepções normativas, mister se faz explicitar as conceituações fundamentais para o estudo proposto, permitindo a partir de então separar atributos de cunho meramente autoral, do direito de inventor e os efeitos legais decorrentes dessas acepções, sobretudo no aspecto patenteário.

Ainda nesse capítulo são trazidas as interpretações que invocam o direito do autor como método de resolução de controvérsias acerca dos processos inventivos em relação ao direito à patente e a seus efeitos.

O quarto capítulo vem apresentar como a produção inventiva pode contribuir para a inovação tecnológica de um País, e quais são os instrumentos estatais que reforçam esse compromisso.

Lamentavelmente, evidencia-se que, em que pese o Sistema Brasileiro de Inovação permitir parcerias relevantes através de convênios com instituições de ensino para reduzir o custo com programas de pesquisa, oferecer aporte financeiro através de amortizações de maquinário e subvenções fiscais, a sociedade empresarial ainda não reconhece a inovação tecnológica como o combustível mínimo necessário para um crescente avanço. Contudo, já se nota uma maior familiarização com instrumentos propulsores dessa inovação que, há bem pouco tempo, eram completamente desconhecidos.

Considerada essa importância, no capítulo seguinte são apresentados os sistemas administrativos especialmente dirigidos para estimular a pesquisa científica e tecnológica dentro da empresa.

Os índices de produção inventiva de aplicação industrial ainda se afastam em muito do quantitativo perseguido pelos programas de incentivo ao desenvolvimento tecnológico. Por motivos culturais, como, por exemplo, a escassez de apoio às pequenas e microempresas em sede de inovação tecnológica, a tímida produção inovadora nacional ainda reflete a carência de proteção doméstica e internacional, equiparada ao que ocorre nos Estados Unidos e na União Europeia. Contudo, já se começa a perceber sinais positivos neste cenário, graças aos estímulos ocorridos.

Assim, necessário se faz investir, fomentar e não permitir que o engessamento e a escassez de normas inibam novas criações, assegurando-se assim a manutenção do ritmo crescente da produção inventiva.

Segue, então, o sexto capítulo, que se dedica à análise dos aspectos intrínsecos do processo inventivo no contexto do contrato de trabalho e das normas que incidem sobre esta relação.

Dentro dessa ótica, e no intuito de evitar a concorrência entre os ex-trabalhadores, a Lei n. 9.279/1996 estabeleceu que caberia aos empresários a titularidade sobre invenções ou modelos de utilidade os quais o trabalhador tenha solicitado uma patente durante o ano seguinte à rescisão do seu contrato (art. 88, § 2º, do dispositivo legal apontado).

Em que pese sua intenção legal de impedir a fraude sobre os direitos e os interesses do empresário, a referida norma, por ser lacônica, mais que pacificar relações, pode potencializar conflitos em sede dos direitos do inventor, à medida que cria uma presunção *iuris tantum*, de que o invento pertence ao empresário durante o prazo legalmente fixado, sem levar em consideração a natureza da prestação de serviços anteriormente realizada ou a natureza da atividade empresarial, carente de requisitos mais específicos, elementos objetivos e testes, critérios adotados pelas leis italiana e portuguesa ao restringirem tal presunção à identidade estritamente a partir do âmbito de atividade da empresa.

O sétimo capítulo apresenta a problemática que surge ao demonstrar-se que as presunções de titularidade outorgadas pelo legislador sobre as produções inventivas oriundas de contratos de trabalho podem ser apontadas como fator de retrocesso ao desenvolvimento tecnológico que se pretendia alcançar.

Contrastando o sistema de atribuição patrimonial da propriedade industrial com o princípio declaratório dos direitos autorais, segundo o qual o direito à patente cabe àquele que primeiro a requerer (presunção *iuris tantum*), as presunções de titularidade conferidas pela Lei n. 9.279/1996 dão azo à impugnação administrativa passível de ser oposta por um terceiro interessado (como, por exemplo, o empregador), com fulcro no art. 88, da supracitada Lei, e até mesmo ao pedido judicial de nulidade de registro atrelado ao pleito de adjudicação compulsória de titularidade.

E se, ao contrário da hipótese legal, o trabalhador contratado exclusivamente para criação de um determinado produto requeresse a patente de invenção, em seu nome, no prazo posterior a 1 (um) ano? Estaria o empresário, grande investidor e patrocinador dessa criação, excluído de qualquer direito oriundo dessa invenção? A prova de sua intensa e determinante participação não servia como fundamento para impugnar administrativamente o pedido de patente feito por seu ex-prestador? A vinculação da titularidade dos inventos e a natureza dos contratos de trabalho, ainda quando findos, não se mostram instrumentos suficientemente seguros para que o legislador restrinja as soluções de conflitos dessa ordem a tais aspectos.

Convém destacar que a redação do § 5º do Decreto n. 2.553, de 1998, afirma que na "celebração de instrumentos contratuais de que trata o art. 92 da Lei n. 9.279, de 1996, serão estipuladas a titularidade das criações intelectuais e a participação dos criadores"[1].

Contudo, a redação do art. 92 da Lei n. 9.279/1996 mostra-se vaga, não permitindo uma definição clara sobre os instrumentos contratuais cabíveis para delinear a titularidade das criações intelectuais e as consequentes participações nos seus resultados financeiros, eis que faz menção aos artigos anteriores pertencentes ao mesmo capítulo, dando a ideia de que seria obrigatória uma estipulação contratual nesse sentido, o que não condiz com a prática, haja vista que a maioria dos contratos de trabalho omitem quaisquer referências ou diretrizes sobre a titularidade dos processos inventivos porventura desenvolvidos no decorrer desta relação contratual.

Outra situação que merece ser explorada pertine a invenções livres do trabalhador, denominadas pela Lei n. 9.279/1996, como aquelas desenvolvidas autonomamente, sem vínculo com o contrato de trabalho mantido com seu empregador, conforme se mostra estabelecido pelo art. 90, *in verbis*:

"Art. 90. Pertencerá exclusivamente ao trabalhador a invenção ou o modelo de utilidade por ele desenvolvido, desde que desvinculado do contrato de trabalho e

---

(1) BRASIL. *Lei n. 9.279, de 14 de maio de 1996*. Regula direitos e obrigações relativos à propriedade industrial.

não decorrente da utilização de recursos, meios, dados, materiais, instalações ou equipamentos do empresário."[2]

Quando a Consolidação das Leis Trabalhistas, doravante denominada CLT, entrou em vigor, em 10 de novembro de 1943, estabeleceu em seu art. 454 que os inventos produzidos pelos trabalhadores, decorrentes de sua contribuição pessoal, eram de propriedade comum dos dois, empregador e empregado, em partes iguais, salvo nos casos em que o contrato de trabalho tivesse por objetivo a realização de pesquisa científica. Dispunha ainda que cabia ao empresário explorar o invento e promover o depósito do pedido de patente em seu nome individual (pessoa física) ou em nome da pessoa jurídica empregadora, no prazo de um ano, sob pena de reverter em favor do trabalhador a titularidade do direito à patente sobre o produto.

Estas regras, contudo, não prevalecem mais, uma vez que o art. 454 e seu parágrafo único foram revogados. Atualmente, a matéria encontra-se totalmente disciplinada pela Lei n. 9.279/1996, que trata dos direitos e das obrigações relativos à propriedade industrial.

Segundo o que estabelece o art. 88 da mencionada lei, o direito à patente das invenções do trabalhador pertencerá exclusivamente ao empresário quando o contrato tiver por objeto a pesquisa ou a atividade inventiva (invenções de serviço). O intuito do legislador foi, certamente, o de estimular o empresário a investir em pesquisas, tornando-o titular e único explorador do invento e dos resultados decorrentes dos achados e das criações feitas pelo trabalhador, contratado especificamente para isto.

A legislação atual admite que o empresário, titular do direito à patente relativa ao invento promovido pelo trabalhador, possa conceder-lhe uma participação nos ganhos econômicos resultantes da exploração do invento, ajustada previamente, "mediante negociação com o interessado ou conforme disposto em norma da empresa"[3].

É preciso estudar as normas existentes em nosso sistema jurídico e as suas possíveis lacunas, procurando se fazer uma perfeita integração, conjugando, ainda se preciso for, os princípios laborais com os princípios de direito econômico e os princípios gerais de direitos, obstando de forma veemente o enriquecimento sem causa.

Situação interessante e polêmica surge quando o trabalhador não é contratado especificamente para pesquisas e invenções, mas, durante o curso da relação de emprego, ele cria algo que será utilizado pelo empresário com economia de tempo

---

(2) *Idem.* Art. 90.
(3) *Idem.*

e com vantagens econômicas. Ou seja, por ser estranha à relação de trabalho, por certo não houve prévio ajuste quanto à titularidade ou quanto aos efeitos patrimoniais advindos da criação inventiva, gerando ofensas efetivas aos direitos patrimoniais desse trabalhador.

Considerando que a titularidade da patente concedida ao empresário sobre inventos de trabalhadores ou de ex-trabalhadores está prevista em lei, mas que esta foi imprecisa quanto aos limites desta presunção, há que se sopesar sua aplicação absoluta ante os fundamentos e princípios fundamentais contidos na Constituição da República Federativa do Brasil, tais como: dignidade da pessoa humana; os valores sociais do trabalho e da livre-iniciativa, e de acordo com os objetivos também fixados na Carta Maior, como, por exemplo, a promoção do desenvolvimento nacional.

Na busca por assegurar o incremento de recursos na pesquisa de desenvolvimento, em garantia aos direitos dos empresários, o legislador dá ensejo à inibição da capacidade intelectiva dos trabalhadores que, diante das normas protetivas empresariais, se veem desestimulados a promover investigações, pesquisas e desenvolvimento de estudos criativos, que poderiam levá-los a grandes criações tecnológicas ou artísticas.

Em que pese a disposição da Lei n. 9.279, de 1996, asseverar que o empresário ou tomador tem a exclusividade dos direitos sobre os inventos de seus ex-trabalhadores, esta previsão legal merece uma aplicação parcimoniosa, atendendo aos princípios extracontratuais da razoabilidade e da boa-fé, bem como aos princípios constitucionais explícitos e implícitos aplicáveis à matéria.

Neste diapasão, a presunção de titularidade do empresário sobre os inventos de trabalhadores há que ser concedida mediante a análise cautelosa da realidade contratual, verificando qual a atividade desenvolvida pela empresa e qual a função para a qual o empregado fora contratado, prevalecendo os direitos autorais, até prova em contrário do empresário que atuou em prol do desenvolvimento da referida criação.

Em caso de invenção de autoria do trabalhador, no curso da relação de trabalho, terá o trabalhador o seu reconhecimento como inventor, bem como terá direito aos frutos decorrentes da utilização lucrativa de sua invenção, sendo irrelevante a circunstância de o invento ter sido propiciado mediante recursos, meios, dados e materiais empresariais ou nas suas instalações, quando os serviços prestados pelo trabalhador eram absolutamente distintos da produção inventiva desenvolvida e esta se deu em razão, exclusivamente, da iniciativa, da criatividade e do talento do trabalhador.

A coparticipação na criação inventiva deve ser avaliada na medida da contribuição pessoal do trabalhador no desenvolvimento da invenção, bem como de acordo com a importância desta para a empresa, se excedente ao conteúdo do contrato celebrado pelas partes.

Uma vez reconhecida a coparticipação, convém que seja analisado se o regime meramente contratual existente entre partes contratante e contratada era capaz de atender a tal controvérsia, ou se não haveria outro regime, mais específico, como o de condomínio, por exemplo, que poderia ser adotado para dirimir conflitos decorrentes desta copropriedade.

Impor, sem quaisquer considerações, o § 2º, do art. 88 da Lei n. 9.279/1996, significa deixar de contemplar princípios constitucionais inderrogáveis, inseridos no art. 5º, retardando o desenvolvimento tecnológico e carregando o direito econômico de mazelas.

Por trás de palavras estáticas, a economia se transforma em busca de tecnologia ante a globalização que impõe constante modernização, e um dos elementos fundamentais para a inovação é, justamente, a atividade de Pesquisa e Desenvolvimento (P&D) realizada no ambiente empresarial.

O elemento criador da inovação é o cientista, o engenheiro, o pesquisador que trabalha para as empresas de produtos e/ou serviços P&D. A titularidade das invenções oriundas das mãos desses profissionais merece um regime jurídico claro e definido, condizente com o impacto e importância que suas criações têm na produção e na expansão industrial.

Como não se vislumbram nos escassos preceitos legais um reconhecimento efetivo da capacidade inventiva e, tampouco, métodos eficazes à proteção e desenvolvimento adequados dessa capacidade, é pela razoabilidade e pela proporcionalidade que se deve buscar a exata medida da participação do criador na aplicação da sua capacidade intelectiva, e do investidor, a real contribuição de fomento para o desenvolvimento da criação.

2

Marco Histórico da Propriedade Industrial do Direito Estrangeiro e no Brasil

2.1. *O surgimento da propriedade industrial no mundo*

Foi na Europa, durante o Renascimento Cultural, que surgiu a ideia de que os direitos sobre a invenção deveriam ser reservados ao criador.

A primeira lei de patentes de que se tem notícia foi criada em Veneza, em 19 de março de 1474. A cidade era, à época, um grande centro comercial[4], e o inventor recebia um título de privilégio que lhe assegurava a exploração de seu invento.

Mas foi apenas com a Revolução Industrial que as leis de patentes começaram a ser disseminadas por toda a Europa.

Com a chegada do capitalismo, as invenções se tornaram parte fundamental da sistemática produtiva e comercial; enquanto a ciência dava grandes saltos em diversos campos do conhecimento, os inventos se multiplicavam. O foco central das pesquisas era a procura de novas forças motrizes para máquinas cada vez

---

(4) VARELLA, Marcelo Dias. Obra citada.

mais complexas, sendo seguidas por grandes descobertas e inventos como a energia elétrica, o motor de combustão interna, as energias solar e nuclear, entre outros.

Evidente, pois, que não é por acaso que os primeiros países a elaborar leis de proteção à propriedade intelectual e industrial tivessem sido aqueles pioneiros no desenvolvimento industrial, como a Inglaterra, os Estados Unidos e a França.

Em 1623, o Parlamento Inglês reservou à Coroa o direito de dar "cartas patentes" às invenções de novas manufaturas.

Apenas 14 (catorze) anos após a sua Independência, no ano de 1790, os americanos formularam sua lei de patentes, que ficou conhecida como *Patent Act*, que, em seu primeiro artigo, autorizava a criação de um "sistema nacional de patentes, a fim de dar aos Escritores e Inventores direito exclusivo, por tempo limitado, sobre seus respectivos Escritos e Descobertas"[5].

2.2. O SURGIMENTO DA REGULAMENTAÇÃO DA PROPRIEDADE INDUSTRIAL NO BRASIL

Durante o período colonial, Portugal impôs ao Brasil severas restrições ao desenvolvimento de qualquer indústria ou lavoura de produtos e gêneros que fossem produzidos na Europa, permitindo, assim, a formação de monopólios comerciais aptos a assegurar a transferência das riquezas das colônias diretamente para as metrópoles, em especial para os países colonizadores.

As restrições culminaram com a expedição de um alvará da lavra da rainha Dona Maria I, datado de 1785, em que eram drasticamente proibidas as fábricas, indústrias e manufaturas na Colônia.

Com a vinda da Família Real para o Brasil, e a consequente transferência do centro de decisões do Império Colonial Português para estas terras colonizadas, em 1808, a questão das patentes se colocou de imediato[6], tendo o alvará de 1785 sido revogado por meio de outro alvará[7], ainda no ano da chegada da Coroa Real ao Brasil.

No ano seguinte, por meio do Alvará de 28 de abril de 1809, houve, pela primeira vez no País, uma efetiva proteção ao "inventor". Naquele documento legal, foram adotadas diversas medidas voltadas ao desenvolvimento industrial; à isenção de direitos à importação de matérias-primas, à isenção de direitos à

---

(5) TEIXEIRA, Francisco. Obra citada.
(6) Alvará do Príncipe Regente no Brasil, Dom João VI, de 28 de janeiro de 1808, que determinou a abertura dos portos às nações amigas.
(7) Alvará de 1º de abril de 1808.

exportação de produtos manufaturados e, entre outras, à concessão de privilégios aos inventores e introdutores de novas máquinas, que teriam o direito exclusivo de explorar a invenção por 14 (catorze) anos, caso o invento fosse reconhecido pela Real Junta do Comércio.

Constou do seu inciso VI:

"Sendo muito conveniente que os inventores de alguma nova máquina e invenção nas artes gozam do privilégio exclusivo, além do direito que possam ter ao favor pecuniário, que sou servido estabelecer em benefício da indústria e das artes, ordeno que todas as pessoas que estiverem neste caso apresentem o plano de seu novo invento à Real Junta do Comércio; e que esta, reconhecendo-lhe a verdade e fundamento dele, lhes conceda o privilégio exclusivo por quatorze anos, ficando obrigados a fabricá-lo depois, para que, no fim desse prazo, toda a Nação goze do fruto dessa invenção. Ordeno, outrossim, que se faça uma exata revisão dos que se acham atualmente concedidos, fazendo-se público na forma acima determinada e revogando-se todas as que por falsa alegação ou sem bem fundadas razões obtiveram semelhantes concessões."[8]

A essa época, já se outorgava ao inventor um monopólio privado sobre sua invenção, mediante o qual este poderia excluir terceiros da exploração de sua invenção (*jus prohibendi*)[9].

Ainda visando estimular o desenvolvimento industrial, outro Alvará dotou de recursos a Real Junta do Comércio para conferir prêmios e incentivar as invenções nas mais diferentes áreas do conhecimento[10].

Em 28 de abril de 1809, o Príncipe Regente D. João VI promoveu, em caráter oficial, a publicação de Alvará concedendo privilégios aos inventores, visando assim estimular os progressos e os desenvolvimentos comercial e industrial.

Como se pode observar, pois, a patente foi introduzida no Brasil num cenário de uma política de fomento à indústria.

Após a Independência, a questão da patente se colocou nos trabalhos de preparação da primeira Carta Magna do Brasil.

A Constituição outorgada em 1824 trouxe o princípio da "propriedade do inventor" e tratou da remuneração "em caso de vulgarização do invento". Pela primeira vez foi acolhida a expressão "propriedade" para designar o direito dos inventores sobre suas invenções.

---

(8) VIEIRA, Marcos Antonio. Obra citada, p. 24.
(9) ASSAFIM, João Marcelo de Lima. Obra citada, p. 33.
(10) Alvará de 15 de julho de 1809.

Seis anos depois, surgiu a primeira lei brasileira que abordou a proteção aos inventores[11]. Mais uma vez tratou-se de uma política mais ampla de fomento à indústria, em que a proteção aos inventores estava associada à concessão de prêmio a quem trouxesse indústrias para o Brasil.

A lei protegia os inventores, assegurando-lhes o uso exclusivo da descoberta por período que variava de 5 (cinco) a 20 (vinte) anos. Para isso, o inventor deveria depositar no Arquivo Público a descrição, os planos, os desenhos e os modelos úteis.

Ainda, a lei assegurava iguais direitos de autor aos que aperfeiçoassem as invenções já criadas.

A descrição do invento era publicada ao final do prazo, ou quando o Governo o adquirisse. As patentes eram gratuitas e o interessado pagava apenas o selo e o feitio.

Passaram-se trinta anos sem que houvesse qualquer alteração na legislação, até que, em 1860, um breve decreto[12] alterou apenas o critério utilizado para marcar o início da validade do privilégio. Antes era considerada a data da expedição do pedido de patente. Com o decreto, passou a ser contada a partir da data da assinatura da concessão da patente.

Apesar de as legislações de 1809 e 1830 estarem voltadas para o fomento à industrialização do Brasil, elas não obtiveram os resultados esperados, não tendo contribuído sensivelmente para a industrialização nacional.

Segundo os pesquisadores dedicados ao assunto, os primeiros passos da industrialização no Brasil estão situados na década de 1840, sobretudo após a edição da polêmica Tarifa Alves Branco, medida de imposição de severas tarifas alfandegárias implementada pelo então Ministro da Fazenda, Alves Branco, visando fomentar o desenvolvimento da indústria nacional.

Embora tivesse curta duração, a Tarifa Alves Branco deu origem a pequenas manufaturas, sem grande importância no contexto econômico do país, tendo a industrialização brasileira continuado de forma bem modesta até o início da República.

Foi com a agricultura do café que houve considerável estímulo à industrialização brasileira, nos idos do século XIX.

---

(11) Lei de 28 de agosto de 1830. A lei que tratou da regulamentação das patentes não possui número. Foi referida apenas pela data em que foi sancionada. Cf. *Collecção das Leis do Império do Brazil de 1830*. Rio de Janeiro: Typographia Nacional.
(12) Decreto n. 2.717, de 22 de dezembro de 1860.

Mais tarde, com o decorrente aumento da população e a urbanização, surgiram estimulantes mercados para as indústrias de tecidos e alimentos.

Este quadro pode ser comprovado pelos registros de patentes concedidos no período que em sua maior parte estavam associados à produção cafeeira e à indústria de roupas e alimentos.

2.3. A EVOLUÇÃO DA REGULAMENTAÇÃO SOBRE PROPRIEDADE INDUSTRIAL NO BRASIL

Ainda no século XIX, o Brasil firmou, como um dos países fundadores, o Convênio da União de Paris (CUP), de 23 de março de 1883, para a Proteção da Propriedade Industrial, que foi ratificado pelo Decreto n. 9.233, de 28 de julho de 1884.

O reflexo desse convênio internacional foi a confirmação da proteção jurídica às invenções, em especial à proteção patentária aos sinais distintivos pela Carta Republicana de 1891.

A repercussão dessa proteção constitucionalmente garantida gerou a criação, anos depois, de um novo órgão da Administração Pública Federal, com a finalidade de organizar e administrar as questões relativas à propriedade industrial, primeiramente denominado "Diretoria-Geral de Propriedade Industrial", e, posteriormente, "Departamento Nacional da Propriedade Industrial", subordinado ao então Ministério do Trabalho, Indústria e Comércio.

Num momento de destacável expansão do Brasil no comércio internacional, a evolução do Direito Patentário nacional foi coroada com a aprovação do primeiro Código de Propriedade Industrial, em 27 de outubro de 1945, que estabeleceu um detalhado regime de proteção da propriedade industrial, abrangendo a concessão de marcas, patentes de invenções, modelos e desenhos industriais etc. e, ainda, tipificou como delitos uma série de infrações praticadas em detrimento da propriedade industrial.

No fim dos anos 1950, o Brasil adotou uma política fiscal e de controle que primava por um intenso controle do capital estrangeiro e isso, por óbvio, impactou na exploração dos direitos de propriedade industrial.

No início da década de 1960, foi aprovada a Lei de Capital Estrangeiro que, dentre outras determinações, proibia a política de incentivos aos contratos de licença de direitos de propriedade industrial.

A partir de 1970 foi inaugurada uma nova fase, com a criação do "Instituto Nacional de Propriedade Industrial" — INPI — em substituição ao antigo

"Departamento Nacional de Propriedade Industrial" — DNPI —, vinculado ao Ministério da Indústria e Comércio.

Logo em seguida, foi aprovado o "Código de Propriedade Industrial", através da Lei n. 5.772, de 21 de dezembro de 1971, que vigorou até 14 de maio de 1996, quando entrou em vigor a atual "Lei de Propriedade Industrial" — LPI.

A legislação brasileira passou, então, a atribuir a uma mesma entidade da Administração Pública, qual seja, o INPI, as funções de reconhecimento dos direitos de propriedade industrial e verificação das formas de circulação econômica desses direitos, funções que lhe permanecem afetas até os dias atuais.

3

Precedentes Conceituais da Propriedade Industrial

3.1. Propriedade intelectual e propriedade industrial

O Sistema de Propriedade Intelectual engloba todos os processos criativos humanos, em todos os campos de atividades; é o "sistema criado para garantir a propriedade ou exclusividade resultante da atividade intelectual nos campos industrial, científico, literário e artístico"[13].

Refere-se aos direitos exclusivos, porém temporários, garantidos por lei ao criador quanto aos frutos da atividade criativa humana. Corresponde aos direitos concedidos às pessoas sobre suas criações: invenções, obras literárias e artísticas, marcas, símbolos, nomes, imagens e desenhos usados no comércio[14].

Sinteticamente, a propriedade intelectual se divide em duas amplas categorias, a saber: (1) o direito de autor; e (2) a propriedade industrial.

Os direitos autorais, por sua vez, referem-se aos: a) direitos do autor sobre suas obras, como as obras literárias e artísticas; e b) direitos conexos, como os direitos dos artistas-intérpretes, produtores de fonogramas.

---

(13) ZANON, Marcus Julius. Obra citada, p. 3.
(14) ZIBETTI, Fabíola Wüst. Obra citada, p. 174.

A seu turno, os direitos de propriedade industrial protegem: a) os sinais distintivos, como as marcas e indicações geográficas; e b) as invenções que envolvam aplicação industrial, como patentes de invenção, modelo de utilidade e desenhos industriais[15].

Segundo Pimentel, sob o aspecto comercial, o direito de propriedade intelectual abrange "as espécies de criações intelectuais que podem resultar na exploração comercial ou vantagem econômica para o criador ou titular e na satisfação dos interesses morais dos autores"[16].

As normas referentes aos direitos de propriedade intelectual relacionadas ao comércio têm aplicação interna em função de tratados internacionais assinados pelo Brasil, como a Convenção de Berna (Revisão de Paris de 1971) e o TRIPS (*Trade Related Aspects of Intellectual Property Rights*).

Em nosso direito positivado, não se acha claramente definida a natureza dos chamados direitos intelectuais; as leis especiais que regularam os institutos de propriedade industrial e a propriedade literária e artística não são uniformes.

O Direito de Autor que rege os direitos sobre a divulgação das obras literárias, artísticas, arquitetônicas e musicais está subdividido em Direito Moral e Direito Patrimonial.

Em nosso País, o direito autoral é regido pela Lei n. 9.610, de 19.2.1998, que "altera, atualiza e consolida a legislação sobre direitos autorais e dá outras providências".

Também cuida dos direitos autorais, a Lei n. 9.609, de 19.2.1998, que "dispõe sobre a proteção da propriedade intelectual de programa de computador, sua comercialização no País, e dá outras providências"[17].

3.1.1. O DIREITO DO AUTOR E DIREITO DO INVENTOR

O direito do inventor é idêntico ao direito do autor de obras literárias e artísticas. Ambos correspondem a um direito privado, patrimonial, de caráter real, consistindo em propriedade móvel, em regra temporária e resolúvel, que tem por objeto coisa ou bem imaterial. Diferenciam-se apenas quanto ao objeto da tutela legal.

---

(15) *Idem.*
(16) PIMENTEL, L. O.; NERO, P. A. del. *Direito industrial. As funções do direito de patentes.* Porto Alegre: Síntese, 1999.
(17) BRASIL. *Lei n. 9.609, de 19 de fevereiro de 1998.* Dispõe sobre a proteção da propriedade intelectual de programa de computador, sua comercialização no País, e dá outras providências.

Enquanto na propriedade literária e artística a lei tutela a faculdade exclusiva da publicação ou republicação da obra, na esfera do direito do inventor a lei protege o uso e a exploração exclusivos da invenção. De toda sorte, em ambos os casos, a lei visa resguardar os interesses econômicos do autor ou do inventor, que, apesar de se manifestarem de formas diferentes, se equiparam quanto aos seus efeitos práticos.

Desta forma, a tutela do direito exclusivo do autor de publicar a obra literária, ou de produzir a obra artística, corresponde à do direito do inventor de usar e explorar a invenção de modo exclusivo.

Todavia, o direito do inventor é mais extenso que o direito dos autores de obras literárias e artísticas, pois recai sobre a própria ideia inventiva, independente do modo de sua realização[18], o que não ocorre com o direito autoral em si, que se restringe ao modo pelo qual aquela ideia se exterioriza, tornando seu campo de proteção mais limitado.

O autor de obras literárias tem o direito de impedir que sua obra seja publicada ou republicada, contudo, não lhe é conferido o direito de proibir que alguém as copie para uso particular, por exemplo, tampouco lhe cabe o direito de vedar a publicação de obras análogas.

Entretanto, ao inventor é conferido, com a patente, o direito de proibir que se reproduza sua invenção, ainda que para uso privado, bem como lhe é garantido o direito de impedir a exploração de invenções semelhantes.

Atesta-se que, ao contrário do direito dos autores de obras literárias e artísticas, que para ser protegida e reconhecida basta que seja manifestada pela sua simples publicação, o direito do inventor só se aperfeiçoa e adquire plena eficácia após seu reconhecimento pelo Estado, através da concessão da patente de invenção.

3.1.2. A PROTEÇÃO AO DIREITO À PATENTE

Após o cumprimento de determinadas formalidades legais, o Estado reconhece, por meio da concessão da patente de invenção, o direito do inventor.

Com a patente assegura-se ao inventor a propriedade e o uso exclusivo da invenção patenteada pelo prazo fixado em lei.

---

(18) CERQUEIRA, João da Gama. Obra citada.

O direito do inventor denomina-se juridicamente de "privilégio de invenção", e o título que o comprova é a "patente de invenção". Embora tais expressões sejam empregadas usualmente como sinônimas, elas não devem ser confundidas, eis que privilégio é próprio direito do inventor, e a patente é o título legal do exercício de tal direito[19].

O direito do inventor não se origina da concessão da patente, nem é criado pela lei; a patente não cria direito, mas apenas reconhece e declara o direito do inventor que preexiste à sua concessão e lhe serve de fundamento.

Patente é o "título do direito de propriedade do inventor, constituindo, ao mesmo tempo, a prova do direito e o título legal para seu exercício"[20].

Ao autor do invento cabe o direito de requerer a patente, e em homenagem a esse entendimento surge a presunção *juris tantum* de que aquele que a requer é o autor daquela invenção. Nesse sentido que tem evoluído toda legislação pátria e, principalmente, as manifestações da doutrina e da jurisprudência.

Em se tratando de invento que possui vários autores, a patente poderá ser requerida por um, por todos os inventores conjuntamente, ou apenas por um deles, sendo certo que a proteção concedida pela patente atingirá a todos.

O efeito da patente é meramente **declarativo** e não atributivo de propriedade. Por esse motivo, as patentes são expedidas com ressalva dos direitos de terceiro e sem garantia estatal quanto à novidade e aos demais requisitos da invenção. Isso significa que, se no futuro for provado que aquela invenção não poderia ser validamente privilegiada, a patente é anulada.

Assim, resta claro que a patente declara o direito ao inventor e estabelece a presunção da existência de uma invenção suscetível de ser privilegiada de acordo com a lei. No entanto, sendo detectada falha num desses pressupostos, a patente poderá ser invalidada, sendo atribuída a titularidade, mediante pedido de adjudicação compulsória[21], àquele real inventor que demonstrar anterioridade na criação[22]. Desse modo, retira-se a posse do favorecido de má-fé em favor do verdadeiro titular do direito formativo gerador do domínio, substituindo-se o usurpador por aquele que tem o legítimo direito à patente[23].

---

(19) MENDONÇA, Carvalho de. Obra citada.
(20) CERQUEIRA, João da Gama. Obra citada.
(21) Art. 49 da Lei n. 9.279/1996.
(22) A Ação de Adjudicação prevista no art. 49 da Lei n. 9.279/1996 é cabível sempre que o adquirente da patente tiver agido com má-fé. Assim, a partir do momento que um terceiro queira reinvindicar a proteção patenteária alegando ser o legítimo detentor dos direitos sobre a invenção, pode reclamar a substituição na titularidade da proteção.
(23) Jurisprudência: Decisão da 19ª Vara Federal da Seção Judiciária do Rio de Janeiro. Processo n. 980008042-2. Ementa; "Por todo exposto, julgo PROCEDENTE EM PARTE o pedido contido na ação principal, para deferir a adjudicação da patente PI n. 9204232-5 à Autora Bio Fill, condenando-se o INPI a proceder aos registros devidos, e mantenho a decisão de fl. 51, até o trânsito em julgado

Dada a importância que a legislação confere ao criador de um invento, convém definir quais seriam, efetivamente, os direitos de autor.

Segundo clássica doutrina brasileira[24], conceitua-se como direito de autor a pretensão à patente, que surge, efetivamente, do ato de criação, sendo constitucionalmente[25] assegurado, primariamente, ao autor da invenção tal pretensão, e não a qualquer outro postulante. Assim, se, por exemplo, foi obtida uma solução técnica nova para um certo problema de caráter industrial, nasceu o direito de pedir patente.

Contudo, esta pretensão original não importa em imediata aquisição do direito de patente, ou seja, no direito exclusivo de utilizar sua invenção, de tirar-lhe os frutos e de alienar tal direito. Com efeito, existem muitas circunstâncias em que, da invenção, não resultará, efetivamente, o privilégio de ter a patente, como, por exemplo, quando o requerimento de depósito da patente não for exercido no tempo devido.

Valendo-se das palavras de Denis Borges Barbosa:

> "O direito de autor compreende, assim, além dos direitos morais de ter reconhecida sua autoria, e de ter seu nome vinculado, como inventor, à patente (*vide* CUP, art. 4º ter):
>
> a) a pretensão patrimonial de exigir a prestação estatal de exame,
>
> b) a liberdade, aqui também de conteúdo econômico, de utilizar o invento,
>
> c) o direito de ceder o invento, repassando a terceiros tanto a pretensão à patente quanto a possibilidade de explorar a solução técnica,
>
> d) o poder jurídico de manter sua invenção em segredo, correlativamente ao direito de manter sua criação em inédito, do autor literário." [26]

Assim, quanto à patente de invenção, é possível destacar-se alguns direitos dela originários:

---

desta sentença, inclusive quanto ao pagamento das anuidades devidas quanto à referida patente; e Julgo IMPROCEDENTE o pedido contido na reconvenção. (...)".
(24) CERQUEIRA, João da Gama. Obra citada.
(25) Art. 5º, XXIX — "A lei assegurará aos autores de inventos industriais privilégio temporário para sua utilização, bem como proteção às criações industriais, à propriedade das marcas, aos nomes de empresas e a outros signos distintivos, tendo em vista o interesse social e o desenvolvimento tecnológico e econômico do País".
(26) BARBOSA, Denis Borges. *O inventor e o titular da patente de invenção*. Disponível em: <http://denisbarbosa.addr.com/113.rtf> Acesso em: 12.2.2011.

3.1.2.1. O DIREITO DE PEDIR A PATENTE

O direito de pedir a patente diz respeito ao direito de submeter ao órgão de propriedade industrial o requerimento de patente visando exame dos pressupostos necessários para a concessão do privilégio patentário.

O direito é exercido pelo depósito do pedido junto ao órgão de propriedade industrial e terá como resultado, se verificada a existência dos pressupostos necessários para sua concessão, a emissão da patente.

Este poder é, em princípio, do inventor, mas pode ser constituído originalmente ou obtido por derivação, na forma da lei ou do ato jurídico.

O direito de pedir patente pode ser objeto de cessão, como, aliás, é prática universal; de sucessão *causa mortis*; ou de outras formas de transferência de direitos.

Segundo a Lei n. 9.279/1996, em seu art. 6º, § 2º, "os herdeiros e sucessores do autor do invento, assim como os terceiros, titulares originários dos respectivos direitos, podem requerer patente"[27]. Tal legitimidade presume um direito adjetivo de requerer a atuação do Estado para examinar, declarar a existência dos pressupostos da concessão, e constituir o direito.

Como direito de caráter patrimonial puro, é suscetível de ser reivindicado (*jus persequendi*) de quem injustamente o possua, como previsto no art. 49 da Lei n. 9.279/1996.

3.1.2.2. O DIREITO AO PEDIDO DE PATENTE

Uma vez exercida a primeira pretensão, qual seja, de submeter o depósito ao exame estatal, inicia-se um processo administrativo, que incorpora a eventualidade de um direito *erga omnes*, objeto do pedido.

A Lei n. 9.279/1996 parece admitir a titularidade originária por pessoas jurídicas, deferindo a pretensão, não apenas ao autor e seus sucessores, mas "àquele a quem a lei ou o contrato de trabalho ou de prestação de serviços determinar que pertença a titularidade"[28].

A titularidade do direito petitório representa um interesse econômico, reconhecido juridicamente, como se vê do art. 69 da Lei n. 9.279/1996[29].

---

[27] BRASIL. *Lei n. 9.279, de 14 de maio de 1996*. Regula direitos e obrigações relativos à propriedade industrial. Art. 6º, § 2º.
[28] *Idem*.
[29] *Idem*. Art. 69.

3.1.2.3. O DIREITO EXCLUSIVO RESULTANTE DA CONSTITUIÇÃO DO PRIVILÉGIO[30]

Após o exame estatal e o reconhecimento do privilégio patentário ao requerente, decorre o direito de exclusividade resultante da concessão.

O direito de exclusividade é exercido pelo depósito do pedido junto ao órgão de propriedade industrial e terá como resultado, se verificada a existência dos pressupostos para sua concessão, a emissão da patente, conforme já explicitado anteriormente[31].

Convém, porém, ressaltar que cada um dos direitos até então mencionados pode ser objeto de negócios jurídicos de transferência, cessão temporária, dação em garantia etc.

3.1.2.4. O DIREITO AO SEGREDO

No sistema vigente, não há um dever de manifestar a invenção, fazendo-a publicar em domínio comum. O privilégio, que tem como pressuposto a divulgação, é uma faculdade, não um dever.

Gama Cerqueira lembra:

> "pois o inventor pode dar à sua invenção o destino que quiser. Pode conservá-la inédita, explorá-la como segredo de fábrica, cedê-la ou divulgá-la. É um direito que preexiste à concessão da patente."[32]

Mas, ao contrário do que possa levar a crer, não existe um direito *exclusivo* ao segredo, suscetível de impedir a utilização da invenção. Mesmo com a instituição do direito de posse à invenção, exercitável contra o titular da patente (art. 45 da Lei n. 9.279/1996), não há nessa previsão o poder de excluir terceiros da exploração do invento.

Assim, o direito ao segredo da invenção restringe-se meramente à liberdade de não ser obrigado a publicar sua criação (ou experiência técnica, o que não é, a rigor, invenção), somada à proteção geral decorrente das normas de concorrência leal.

3.1.2.5. O DIREITO DE PATERNIDADE

O direito de ser reconhecido como autor da invenção, ou de ser nominado como tal na patente, vem sendo reconhecido pela legislação.

---

(30) MIRANDA, Pontes de. Obra citada.
(31) CARVALHO, Nuno Tomaz Pires de. Obra citada.
(32) CERQUEIRA, João da Gama. Obra citada, p. 417.

Na verdade, a paternidade da invenção prescinde totalmente da patente — como se vê do exemplo do inventor da penicilina, cuja exclusividade jamais reivindicou.

A face reversa do direito é do anonimato, assegurado pelo § 4º do artigo em comento[33].

Tanto em sua face positiva, como na negativa, o direito de paternidade é inalienável, imprescritível e subsiste mesmo após a expiração do prazo dos direitos intelectuais pertinentes.

3.1.2.6. O DIREITO DE NOMINAÇÃO

O direito de ser nomeado como autor na patente é uma decorrência natural do direito de personalidade, que pode ser exercido quer pelo ao direito de requerer a patente, quer pelo exercício do direito ao segredo, quer, ainda, pela liberdade de lançar o invento em domínio público. A nominação é específica ao pedido de patente e à patente.

Diz a CUP:

"Art. 4º O Inventor tem o direito de ser mencionado como tal na patente."

No entanto, salvo pelo direito de menção, o nominado que alienou o direito de pedir patente não mantém nenhum outro poder ou reivindicação sobre o privilégio propriamente dito; nada mais lhe cabe senão o resultante do direito moral, sendo-lhe negada a pretensão de contrafação[34] ou de *royalties*[35]. Neste caso, ao inventor não lhe socorre o disposto no art. 49 da Lei n. 9.279/1996, seja para anular a patente, seja para reivindicá-la para si; sua pretensão limita-se, exclusivamente, a obter sua nominação.

A nominação é inalienável e imprescritível, e não se transmite sequer aos herdeiros, que podem, porém, resguardá-la, sem alterar a manifestação de vontade do autor da invenção, inclusive quanto ao anonimato, se for o caso[36].

---

(33) O art. 5º, IV, da Constituição de 1988, ao vedar o anonimato, fê-lo exclusivamente em face da manifestação do pensamento, sem impedir o exercício, em outras circunstâncias, do direito de personalidade do anonimato, mesmo porque, como parte da tutela da intimidade e da vida privada, está ao resguardo do inciso X do mesmo artigo.
(34) Tribunal de Apelação de Paris, 4ª Câmara, ac. de 24 de janeiro de 1991, Dupont v. Nabona, (Ann. 1995, p. 45).
(35) Tribunal de Apelação de Paris, 4ª Câmara, ac. de 4 de dezembro de 1985, Moritz v. Armanet, (Ann. 1986, p. 162).
(36) MIRANDA, Pontes de. *Tratado de direito privado*: direito das obrigações. Rio de Janeiro: Borsoi, 1958. v. 26, p. 1919.

3.1.2.7. O DIREITO À TITULARIDADE

A Lei n. 9.279/1996 defere a pretensão da titularidade, não apenas ao autor e seus sucessores, mas "àquele a quem a lei ou o contrato de trabalho ou de prestação de serviços determinar que pertença a titularidade"[37].

Isto, evidentemente, não ofende a proteção constitucional ao autor da invenção. O reconhecimento de uma titularidade originária, a par de consagrar o direito moral do inventor, presume que haja uma relação legal ou obrigacional entre o autor e o titular, legitimando, adequadamente, o direito de postulação.

Como o direito à patente cabe a quem primeiro requerer a titularidade, por conseguinte, esta é presumida.

Vale registrar, no entanto, que cabe impugnação à titularidade conferida ao requerente da patente, por um terceiro interessado, pela via administrativa ou judicial, autorizando-se nesta, inclusive, o pleito de adjudicação compulsória de reconhecimento do terceiro como titular da patente.

3.1.3. DA PROPRIEDADE INDUSTRIAL

A Propriedade Industrial, como um todo, é matéria de interesse internacional, pois ultrapassa as fronteiras de cada país. É inegável a relevância que assume este Instituto do Direito em uma era fortemente influenciada pelas relações provenientes da indústria e do comércio.

A reciprocidade no tratamento de direitos ligados a este ramo está firmemente presente nas relações internacionais. Pegue-se como exemplo irrefutável a tão significativa Convenção da União de Paris — CUP, documento assinado em 1883, revisado periodicamente e que, atualmente, conta com a adesão de cento e trinta e seis nações.

Esta Convenção Internacional foi a primeira tentativa de uma harmonização dos diferentes sistemas jurídicos de cada nação concernentes à Propriedade Industrial.

O Brasil foi um dos 14 (catorze) países signatários originais, compro-metendo-se com os princípios de proteção aos direitos de tal ramo jurídico.

Vale ressaltar a redação trazida pelo art. 1º, alínea 2, deste documento, *in verbis*:

---

(37) BRASIL. *Lei n. 9.279, de 14 de maio de 1996*. Regula direitos e obrigações relativos à propriedade industrial.

"A proteção da propriedade industrial tem por objeto as patentes de invenção, os modelos de utilidade, os desenhos ou modelos industriais, as marcas de serviço, o nome comercial e as indicações de procedência ou denominações de origem, bem como a repressão da concorrência desleal."

No caso da Propriedade Industrial, o ordenamento jurídico brasileiro concentra-se na Lei n. 9.279, de 14.5.1996, em vigor desde 15.4.1997, chamado de "novo Código Brasileiro de Propriedade Industrial", em contraste com o anterior, de 1971.

Segundo Zanon[38], a propriedade industrial visa promover a criatividade pela proteção, disseminação e aplicação de seus resultados. Seus instrumentos são: (1) a concessão de patentes; (2) o registro de desenhos industriais; (2) o registro de marcas; (4) o registro de programas de computador;(5) a repressão às falsas indicações geográficas; e (6) a repressão à concorrência desleal.

Para Mittelbach, então Diretora de Patentes do INPI:

"A propriedade industrial é o ramo da propriedade intelectual que visa à concessão de patentes, para proteger o conhecimento tecnológico, à proteção de criações ornamentais por meio de concessão de registro de desenho industrial, à concessão de marcas, à repressão a falsas indicações geográficas, e à repressão à concorrência desleal."[39]

No que tange às patentes, sua importância junto ao setor produtivo está no fato de serem instrumentos efetivos de inovação. Mas afinal o que são patentes?

Valendo-se dos dizeres de Santos e Longo:

"Para a Organização Mundial da Propriedade Industrial (OMPI), a patente é um documento expedido por um órgão governamental, que descreve a invenção e cria uma situação legal na qual a invenção, patenteada, pode normalmente ser explorada (fabricada, importada, vendida e usada) com autorização do titular."[40]

Ou ainda: "um privilégio temporário que o Estado concede a pessoa — física ou jurídica — pela criação de algo novo, com aplicação industrial, suscetível de beneficiar a sociedade"[41].

---

(38) ZANON, Marcus Julius. Obra citada.
(39) MITTELBACH, M. M. Propriedade Industrial. In: CAVALCANTI, A. R. de H. (coord.). *Mesa redonda regulamentação da propriedade intelectual do Brasil*: situação atual. Rio de Janeiro: REPICT; Brasília: ABIPTI, 1998. p. 29-33.
(40) SANTOS, R. N. M.; LONGO, R. M. J. *Tecnologia da Informação como apoio à decisão*. MBA Executivo em Administração — Tecnologia de Informação. São Paulo: IBMEC Business School, 1999. p. 38-50.
(41) SANTOS, R. N. M.; LONGO, R. M. J. Obra citada.

A inovação, como interpretada pela LPI, não é nenhuma novidade ou aperfeiçoamento; ela deve ter aplicação direta no ambiente produtivo, resultando em novos produtos, processos ou serviços, e que, ainda, possa ter utilidade no ambiente social[42].

3.1.3.1. *A PROTEÇÃO ÀS MARCAS*

O primeiro tema de Propriedade Intelectual a ser brevemente analisado são as marcas.

De acordo com a legislação nacional vigente, marcas são sinais distintivos, visualmente perceptíveis, utilizados para três finalidades precípuas: (a) identificar e distinguir produtos e serviços de outros similares, quanto à origem (art. 123, inciso I, da Lei n. 9.279/1996); (b) certificar a conformidade dos produtos com as normas e especificações técnicas (art. 123, inciso II, da Lei n. 9.279/1996); ou, ainda, (c) identificar produtos ou serviços provindos de membros de uma determinada entidade (art. 123, inciso III, da Lei n. 9.279/1996).

As marcas têm como função a indicação de proveniência (ligação entre produto ou serviço com o seu titular), sendo patrimônio do comerciante que obteve o registro perante o Instituto Nacional da Propriedade Industrial — INPI. Com isso, estes sinais distintivos permitem que o titular conquiste ou mantenha uma clientela fiel àquilo que ele põe à disposição do mercado.

No que tange à proteção às marcas, o Brasil adotou o "regime atributivo", segundo o qual a propriedade e o uso exclusivo destes sinais distintivos são adquiridos pelo registro expedido pelo Instituto Nacional da Propriedade Industrial — INPI.

Diferencia-se, portanto, do "regime declarativo", utilizado na tutela dos Direitos Autorais, em que o direito resulta do primeiro uso, isto é, tem como nascedouro a primeira utilização, tendo o registro apenas finalidade meramente de reconhecimento e adequação às formalidades.

Outro importante ponto do sistema marcário nacional é o atendimento ao "princípio da especialidade na proteção", critério segundo o qual a regra para a exclusividade de uso de uma marca é a restrição aos limites do gênero de atividade por ela identificada.

---

(42) BARBOSA, Denis Borges (org.); BARBOSA, Ana Beatriz Nunes; MACHADO, Ana Paula. *Direito da inovação*: comentários à lei federal da inovação e incentivos fiscais à inovação da lei do bem. Rio de Janeiro: Lumen Juris, 2006. p. 22.

As marcas podem se apresentar sob três formas: (a) nominativa, (b) mista ou (c) tridimensional.

A primeira forma citada (marcas nominativas) engloba marcas constituídas por uma ou mais palavras no sentido amplo do alfabeto romano, compreendendo, também, os neologismos e as combinações de letras e/ou algarismos romanos e/ou arábicos.

Por sua vez, as marcas mistas são compostas por desenho, imagem, figura ou qualquer forma estilizada de letra e número, isoladamente, assim como ideogramas de línguas, tais como o japonês, chinês, hebraico etc.

Por fim, a terceira e última forma de apresentação, talvez a mais significativa no presente estudo, é a tridimensional, formada pela forma plástica, ou seja, a configuração ou a conformação física de determinada embalagem ou produto, cujo aspecto tenha um poder de distintividade próprio, dissociado de qualquer efeito técnico.

Por fim, ressalta-se que o prazo de proteção ao registro de marca é de 10 (dez) anos, contados da data da concessão, prorrogável por períodos iguais e sucessivos, sendo possível, pois, através de contínuas renovações, perpetuar a tutela deste sinal distintivo, ao contrário do que ocorre com as patentes e os desenhos industriais.

Quanto aos tipos de privilégios concedidos pela LPI, temos Patentes de Invenção (PI), Modelos de Utilidade (MU) e Registro de Desenho Industrial (RDI).

3.1.3.2. A PROTEÇÃO ÀS PATENTES

Conceitualmente, "patentes de invenção" são processos, equipamentos, produtos inovadores ou aperfeiçoamentos de tecnologias já conhecidas que, sem decorrerem obviamente do estado da técnica, geram efeitos técnicos ou utilizações novas.

A concessão da patente pelo Estado, mais especificamente pelo INPI, confere a seu titular a exclusividade da exploração de uma determinada tecnologia. Trata-se, contudo, de um direito com limitação temporal, a saber: 20 (vinte) anos para patentes de invenção e 15 (quinze) anos para as de modelo de utilidade, o que vem a permitir à sociedade, ultrapassado o decurso do período de proteção, acesso ao conhecimento nela contido.

A fim de garantir a tutela ao direito de exclusividade sobre a patente de invenção, o ordenamento jurídico nacional impõe a verificação, concomitante, de três requisitos básicos elencados no art. 8º, da Lei n. 9.279, de 1996, *in verbis*:

"*Art. 8º É patenteável a invenção que atenda aos requisitos de novidade, atividade inventiva e aplicação industrial.*" (grifos nossos)

O requisito da novidade impõe que a tecnologia cuja patente se pretende obter não seja acessível ao público geral, de tal forma que pudesse ter sido reproduzida por outro técnico.

Já o requisito da atividade inventiva, por sua vez, traduz-se pelo entendimento de que a patente não pode estar compreendida no estado da técnica, ou seja, que um especialista através dos conhecimentos já acessíveis àquele momento pudesse tê-la produzido.

Por fim, o requisito da utilidade industrial compreende a capacidade de aplicação da tecnologia em uma atividade econômica qualquer.

Também são passíveis de obtenção de patente os *modelos de utilidade*, que decorrem do emprego de configuração, estrutura, mecanismo ou disposição em um determinado objeto, conferindo-lhe uma melhoria funcional no seu uso ou fabricação. São as modificações introduzidas em objetos já existentes, como ferramentas, utensílios, instrumentos de trabalho etc. para que desempenhem melhor suas funções específicas.

Por fim, a lei determina claramente os requisitos para proteção ao Modelo de Utilidade, através do texto contido no art. 9º da Lei de Propriedade Industrial — LPI —, abaixo transcrito:

"Art. 9º É patenteável como modelo de utilidade o objeto de uso prático, ou parte deste, suscetível de aplicação industrial, que apresente nova forma ou disposição, envolvendo ato inventivo, que resulte em melhoria funcional no seu uso ou em sua fabricação."

3.1.3.3. A PROTEÇÃO AOS DESENHOS INDUSTRIAIS

Por "desenho industrial" compreende-se um conjunto de linhas, cores ou formas em três dimensões capaz de conferir um aspecto visual novo e original a um produto, no seu todo ou em parte. É a forma plástica ORNAMENTAL de um objeto, ou um conjunto ornamental de linhas e cores que possa ser aplicado a um produto, proporcionando resultado visual novo e original na sua configuração externa.

A lei determina, além dos requisitos de originalidade e novidade, que esta aparência possa servir de modelo para a fabricação industrial ou artesanal de tal objeto.

Assim dispõe o texto da Lei n. 9.279/1996, em seus arts. 96 e 97, *in verbis*:

"Art. 95. Considera-se desenho industrial a forma plástica ornamental de um objeto ou o conjunto ornamental de linhas e cores que possa ser aplicado a um produto, proporcionando resultado visual novo e original na sua configuração externa e que possa servir de tipo de fabricação industrial."

"Art. 97. O desenho industrial é considerado original quando dele resulte uma configuração visual distintiva, em relação a outros objetos anteriores.

Parágrafo único. O resultado visual original poderá ser decorrente da combinação de elementos conhecidos."

No que tange à individualização e à diferenciação dos desenhos industriais com relação a outras matérias concernentes à Propriedade Industrial, discorre o autor Denis Borges Barbosa[43]:

> "Assim, se a criação é técnica, teremos uma hipótese de patente de invenção ou de modelo industrial. Se a criação é puramente estética, sem aplicação a produto industrial, poder-se-á ter a proteção pelo Direito Autoral; tendo-se uma obra de arte aplicada, com a qualificação de poder servir de tipo de fabricação industrial, estamos no domínio do desenho industrial."

A proteção desta forma plástica aproxima-se do sistema adotado para as patentes. O prazo em que vigora o desenho industrial é de 10 (dez) anos contados da data do depósito, prorrogável por até 3 (três) períodos sucessivos de 5 (cinco) anos cada.

Após o término do prazo acima descrito cessa o direito de exclusividade de uso sobre o desenho industrial, passando a forma plástica a integrar o estado da técnica, podendo, assim, ser utilizado por qualquer interessado.

Em consonância com tais definições, não são considerados como invenção ou modelo de utilidades passíveis de proteção:

"I — descobertas, teorias científicas e métodos matemáticos;

II — concepções puramente abstratas;

III — esquemas, planos, princípios ou métodos comerciais, contábeis, financeiros, educativos, publicitários, de sorteio e de fiscalização;

---

(43) BARBOSA, Denis Borges. *Uma introdução à propriedade intelectual.* 2. ed. Rio de Janeiro: Lumen Juris, 2003. Disponível em: <http://nbb.com.br/public/vol1.html> Acesso em: 13.10.2006.

IV — as obras literárias, arquitetônicas, artísticas e científicas ou qualquer criação estética;

V — programas de computador em si;

VI — apresentação de informações;

VII — regras de jogo;

VIII — técnicas e métodos operatórios, bem como métodos terapêuticos ou de diagnóstico para aplicação no corpo humano ou animal; e

IX — o todo ou parte de seres vivos naturais e materiais biológicos encontrados na natureza, ou ainda que dela isolados, inclusive o genoma ou germoplasma de qualquer ser vivo natural e os processos biológicos naturais."[44]

---

(44) BRASIL. *Lei n. 9.279, de 14 de maio de 1996*. Regula direitos e obrigações relativos à propriedade industrial. Art. 10.

4

A Produção Inventiva como Fator de Inovação Tecnológica

4.1. O papel das invenções no desenvolvimento tecnológico

A Constituição da República de 1988 atribuiu máxima amplitude aos poderes do titular da propriedade industrial, assegurando "aos autores de inventos industriais o privilégio temporário para sua utilização, bem como proteção às criações industriais, à propriedade das marcas, aos nomes de empresas e a outros signos distintivos"[45]. Também, a Carta Magna impôs que essa proteção fosse feita "tendo em vista o interesse social e o desenvolvimento tecnológico e econômico do País"[46].

Como os direitos de propriedade industrial constituíram-se, sob o aval constitucional, em "ilhas de proteção"[47] que asseguram a exclusividade de sua exploração, corporificando privilégios tendenciosos a reduzir a concorrência em determinado setor da economia, restringindo a livre-iniciativa, poderia, num primeiro momento, imaginar que tal proteção constitucional contrapor-se-ia, no

---
(45) CF. art. 5º, XXIX, primeira parte.
(46) CF. art. 5º, XXIX, segunda parte.
(47) FORGIONI, Paula A. Obra citada.

sistema capitalista, aos ideais de livre concorrência. Contudo, verifica-se que, exatamente pela instituição dessas "ilhas de proteção", são disponibilizados às empresas instrumentos hábeis à preservação da conduta concorrencial, impedindo que uma vantagem competitiva estabelecida pela concessão da patente a um agente econômico fosse indevidamente incorporada por outro.

Nesse sentido, pode-se asseverar que os direitos de propriedade industrial protegem o processo tecnológico e, consequentemente, o sistema produtivo, merecendo estímulo e propagação.

Como previsto na Constituição Federal de 1988, nos dois primeiros parágrafos do art. 218, os desenvolvimentos científico e tecnológico veem-se instrumentalizados na pesquisa e na busca de soluções[48].

> "Em decorrência desta realidade, foi criada a Lei Federal n. 10.973/2004, cujo objeto era o de implementar o referido artigo constitucional. Por meio dela, a produção inventiva inovadora de nossas capacidades científicas e tecnológicas é definida pelo art. 2º em seus incisos II e IV, *in verbis*: II — criação: invenção, modelo de utilidade, desenho industrial, programa de computador, topografia de circuito integrado, nova cultivar ou cultivar essencialmente derivada e qualquer outro desenvolvimento tecnológico que acarrete ou possa acarretar o surgimento de novo produto, processo ou aperfeiçoamento incremental, obtida por um ou mais criadores;
>
> (...)
>
> IV — inovação: introdução de novidade ou aperfeiçoamento no ambiente produtivo ou social que resulte em novos produtos, processos ou serviços."[49]

A produção do trabalho inovador é, em sua maior parte, objeto do direito de propriedade intelectual. Nesse contexto, tem-se por "invenção" a criação tecnológica consistente numa solução técnica para um problema igualmente técnico, que reúne em si os requisitos de novidade, atividade inventiva e aplicação industrial[50].

---

(48) "Art. 218. O Estado promoverá e incentivará o desenvolvimento científico, a pesquisa e a capacitação tecnológicas.
§ 1º A pesquisa científica básica receberá tratamento prioritário do Estado, tendo em vista o bem público e o progresso das ciências.
§ 2º A pesquisa tecnológica voltar-se-á preponderantemente para a solução dos problemas brasileiros e para o desenvolvimento do sistema produtivo nacional e regional."
(49) BRASIL. *Lei n. 10.973, de 2 de dezembro de 2004*. Dispõe sobre incentivos à inovação e à pesquisa científica e tecnológica no ambiente produtivo e dá outras providências. Art. 2º, incisos II e IV.
(50) BRASIL. *Lei n. 9.279, de 14 de maio de 1996*. Regula direitos e obrigações relativos à propriedade industrial. Art. 8º.

4.2. O SISTEMA NACIONAL DE INOVAÇÃO

A Economia, também, nos legou trabalhos teóricos relevantes sobre o conceito de Inovação. Exemplo disso é a obra de Schumptter[51], intitulada *A teoria do desenvolvimento econômico*, em que o referido autor se refere à necessidade de inovar, afirmando que o produtor é quem inicia a mudança econômica e os consumidores são educados por ele.

Nos últimos anos, os temas da ciência, da tecnologia e da inovação tornaram-se crescentes e são vitais para o processo de desenvolvimento do País.

Diferentemente do que ocorria em períodos pretéritos, os atuais fundamentos da economia brasileira permitem priorizar a alocação de recursos tentando focar algumas áreas estratégicas para incrementar a competitividade e a produtividade brasileiras em diversos setores da economia.

Até recentemente a inovação era confundida com a invenção, confusão que não mais se admite no quadro jurídico atual. Em síntese, a diferença básica consiste no fato de que as invenções podem ser das mais variadas possíveis e aplicáveis em quaisquer atividades, enquanto as inovações têm, necessariamente, de estar atreladas a algum sistema produtivo.

Fundamental para o aumento da produtividade nas empresas, a inovação tecnológica gera expansão na participação nos mercados internos e externos e o aumento da competitividade global.

No ambiente universitário, a ênfase sempre foi dada à geração do conhecimento e à publicação de resultados de pesquisa, sem uma preocupação com a proteção do conhecimento e do produto gerado. Nunca houve uma regulação específica quanto à transferência de tecnologia da instituição de pesquisa para unidades produtivas, diminuindo as possibilidades de comercialização de produtos ou processos inovativos eventualmente desenvolvidos nessas instituições.

Como exemplo de instrumentos de apoio à atividade inovativa, destacam-se a criação dos fundos setoriais e a promulgação da Lei de Inovação, instrumentos indiretos de apoio às empresas que estimulam a realização de projetos cooperados com as universidades e institutos de pesquisa.

Através da Lei de Inovação (Lei n. 10.973/2004), por meio a União, os Estados, o Distrito Federal, os Municípios e as respectivas agências de fomento estimulam e apoiam a constituição de alianças estratégicas e o desenvolvimento de projetos de cooperação, envolvendo empresas nacionais, institutos de ciência e

---

(51) SCHUMPETER, Joseph A. Obra citada.

tecnologia (ICTs), e organizações de direito privado sem fins lucrativos, voltados à atividade de pesquisa e desenvolvimento que persigam a geração de produtos e processos inovadores[52].

A Lei de Inovação legitimou o investimento direto de recursos públicos no processo de inovação industrial brasileira em seus diversos segmentos.

Antes da Lei de Inovação havia diferentes aplicações do papel da universidade no processo de inovação; a interação universidade-empresa era vista como uma atividade "marginal" não estimulada no ambiente acadêmico e não explicitada nas políticas institucionais.

A aprovação da Lei de Inovação e sua posterior regulamentação expressam o esforço estatal em criar condições para o fortalecimento do sistema nacional de inovação por meio de três grandes vertentes: (1) a constituição de ambiente propício às parcerias estratégicas entre universidades, institutos tecnológicos e empresas; (2) o estímulo à participação de instituições de ciência e tecnologia no processo de inovação; e (3) o incentivo à inovação na empresa.

Em síntese, a lei atualiza o quadro legal brasileiro com o objetivo de facilitar o relacionamento ciência-indústria, fomentar novas formas de parceria público--privada e estabelecer uma subvenção econômica destinada a fomentar o gasto privado em P&D, legitimando o investimento direto de recursos públicos no processo de inovação industrial.

A Lei de Inovação considera os diversos atores sociais envolvidos no processo inovativo (inventor, empresas nacionais, ICT e organizações de direito privado sem fins lucrativos voltados para atividades de pesquisa e desenvolvimento) e rege os benefícios financeiros, econômicos e fiscais acarretados pela inovação, além de considerar a dispensa de licitação na contratação realizada por Instituição Científica e Tecnológica — ICT — ou por agência de fomento para a transferência de tecnologia e para o licenciamento de direito de uso ou de exploração de criação protegida.

Entre os principais tópicos abordados pela nova lei, destacam-se: (a) a cooperação entre as ICTs e as empresas, seja por meio de alianças estratégias e parcerias, seja pelo compartilhamento de infraestrutura ou, ainda, pela prestação de serviços tecnológicos; (b) o estímulo direto às empresas, através da concessão de subvenção econômica; (c) uma maior flexibilidade para as ICTs; (d) a regulamentação da Propriedade Intelectual; (e) a política de poder de compra de P&D; e (f) a concessão de estímulos ao mercado de capitais.

---

(52) CHARELLO, Marileusa D. Obra citada.

O arcabouço legal de incentivos à inovação e à pesquisa científica e tecnológica ganhou mais corpo para estimular e apoiar a constituição de alianças, estratégias e o desenvolvimento de projetos de cooperação envolvendo Estado, empresas nacionais, Instituições Científicas e Tecnológicas — ICT —, e ainda as já mencionadas organizações de direito privado sem fins lucrativos voltadas para atividades de pesquisa e desenvolvimento[53].

O resultado alcançado até o momento ainda é modesto. A causa disto está, sobretudo, na falta de articulação entre as normas específicas de interesse para o processo de inovação e as normas gerais que regem o processo administrativo da União.

As críticas mais frequentes estão relacionadas ao desconhecimento da nova legislação pelos órgãos de controle e pelo receio dos agentes públicos de adotarem normas inovadoras.

A falta de uma cultura de inovação mais disseminada pela sociedade também leva a interpretações desfavoráveis ao agente inovador. Além disso, entre os agentes jurisdicionais, predomina, ainda, o controle sobre os procedimentos, em vez da verificação dos resultados das ações.

É preciso, ainda, definir claramente o papel dos diferentes agentes estatais, bem como o limite de suas competências.

A cultura da inovação deve permear a ação e a formulação de políticas, leis e normatizações, de forma a permitir um processo mais dinâmico na integração das atividades públicas e privadas, quebrando a tensão que existe entre a visão de gestões pública e privada, em especial no que se refere à necessidade de o setor público internalizar o conceito de que o risco é inerente à pesquisa e ao desenvolvimento, mas que isso se mostra necessário à evolução técnica.

Em suma, a Lei de Inovação trouxe muitos avanços no quadro regulatório nacional, mas ainda não foram realizados todos os ajustes nas demais legislações, o que vem causando entraves em sua operacionalização, impedindo a obtenção plena de todos os benefícios.

É bem verdade que o Brasil conseguiu avançar significativamente nesta área, tendo incluído o setor produtivo na agenda do Ministério, mas este não incorporou o conhecimento de modo realmente efetivo e capaz de incrementar o processo de inovação da indústria[54].

---

(53) Também foram criados mecanismos de apoio direto ao setor produtivo, como a chamada Lei de Bem, que oferece novos incentivos fiscais às empresas inovadoras e amplia os mecanismos de subvenção econômica e o financiamento.
(54) ELIAS, Luiz Antonio Rodrigues. Secretário-executivo do Ministério da Ciência e Tecnologia — Ministério da Ciência e Tecnologia. In: Palestra de Inovação e Propriedade Industrial proferida no

Em relação ao universo das empresas que implementaram inovações, a participação das firmas que efetivamente aplicaram métodos de proteção na indústria foi tímida; muito pouco foi utilizado de sua atividade inovativa, seja para garantir a proteção, seja no que se refere à relação direta com a patente ou com a Propriedade Industrial.

Os países com economia desenvolvida investem em pesquisa, desenvolvimento e inovação nas empresas, atividades financiadas por elas próprias e pelo Governo.

No Brasil, além de pouco expressiva, essa atividade está concentrada no eixo da indústria, em detrimento da participação efetiva entre a universidade, a empresa e os institutos de pesquisa governamentais.

Vale a pena registrar que apenas 6% (seis por cento) das patentes do mundo — que, atualmente, totalizam 3,5 (três vírgula cinco) milhões — vêm de países em desenvolvimento, entre os quais se inclui o Brasil.

No caso específico da indústria brasileira, que pode clamar por menos de 1% (um por cento) das patentes mundiais, a situação é dramática, pois forma, juntamente com a Colômbia, a Turquia e o Malawi, um dos quatro países nos quais ainda não se reconhecem patentes de alimentos e medicamentos[55].

Devido à falta de determinação de mecanismos próprios a um sistema aberto à empresa e aos investimentos, ainda é muito incipiente a fundação de uma forte sociedade industrial em nosso país.

Some-se a isso o papel, ainda genérico, da maioria das universidades, que não dispõem de meios que facilitem o patenteamento de produtos e processos desenvolvidos por seus pesquisadores.

É, certamente, este quadro de carência que tem dificultado o incremento das relações entre a universidade e a empresa, sob a forma de uma parceria integrada e produtiva.

A premissa básica repousa na preocupação em criarem-se alternativas econômicas que levem ao crescimento socioeconômico, à criação de empregos e à regionalização da economia, com a consequente melhoria da qualidade de vida da população. Esta perspectiva impulsiona a busca, entre os vários elementos possíveis,

---

XXVII Seminário Nacional da Propriedade Intelectual — 2007, da Associação Brasileira da Propriedade Intelectual: a contribuição da Propriedade Intelectual para a aceleração do crescimento.
(55) BELTRÃO, Alexandre Fontana. Secretário de Estado de Ciência, Tecnologia e Ensino Superior do Paraná. Palestra ministrada no *XV Seminário Nacional de Propriedade Intelectual* — 1995 da Associação Brasileira da Propriedade Intelectual: Propriedade Intelectual e Desenvolvimento Econômico.

por aqueles hábeis a equipar o Estado com centros de trabalho, indústrias e serviços que agreguem valor ao produto.

Muitos países mudaram drasticamente seu padrão de desenvolvimento econômico por meio da articulação de políticas industriais com as políticas de ciência, tecnologia e inovação.

Analisando-se o cenário internacional, constata-se que os países que avançaram significativamente em sua renda *per capita* passaram por um processo de elevação gradual no número de pesquisadores, o que permitiu que fossem gerados mais massa crítica, mais conhecimento e mais agregação de valor.

Globalmente, o Brasil já é considerado um país intermediário em sua capacidade produtiva e acadêmica, o que evidencia um grande avanço na geração do conhecimento. A indústria nacional, contudo, não alcançou o mesmo sucesso.

A segunda premissa verificada é que, nos países de economias desenvolvidas, a forte atividade de P&D nas empresas é financiada por elas próprias e pelo governo.

No Brasil, ao revés, o governo financia a maior parte dessas atividades, funcionando como forte e importante indutor, relegando às indústrias uma participação muito menos representativa, o que se materializa nos dados apresentados inicialmente: são importados mais máquinas e equipamentos para o processo competitivo do que há inovação ou incremento em termos de inovação.

Dentro do Sistema Nacional de Inovação existem 3 modelos de negócio: (a) o modelo licenciador; (b) o modelo integrador; e (c) o modelo orquestrador[56].

O modelo licenciador é o menos utilizado pelas empresas, e normalmente é adotado por uma dessas duas razões: (i) ou a empresa possui um "excesso" de direitos de propriedade intelectual em sua carteira e procura fazer receita por meio de concessão de licenças desses direitos para outras empresas; (ii) ou a empresa desenvolve direitos de propriedade intelectual com a finalidade exclusiva de licenciamento.

O segundo modelo, chamado integrador, é o mais "clássico", e, por isso, é também conhecido como "modelo fechado". As empresas que optam por este modelo, normalmente o fazem para manter o controle e a proteção dos seus ativos intelectuais, pois não costumam valer-se de parcerias. A vantagem apresentada por este modelo é que as empresas não precisam dividir a eventual margem obtida dos resultados de seus produtos, ganhando muito mais *know-how* no processo de inovação; por outro lado, assumem integralmente o risco do negócio.

---

(56) MARINELLO, Luiz Ricardo. Gerente Jurídico de Apoio à Inovação da Natura. Palestra proferida no *XXVII Seminário Nacional da Propriedade Intelectual* — 2007 da Associação Brasileira da Propriedade Intelectual: o Direito Autoral como instrumento de Desenvolvimento Econômico.

O último modelo, de caráter aberto, é chamado de orquestrador, porque há necessariamente alguém que "rege a orquestra": as empresas que fazem uso deste modelo realizam parcerias para seus desenvolvimentos, assumindo o controle de seus fornecedores e das universidades eventualmente associadas. A grande vantagem deste modelo é que há uma partilha de esforços financeiro e social, ou seja, o risco do negócio é dividido entre os parceiros envolvidos. Por outro lado, obviamente, as empresas ficam muito mais vulneráveis quanto aos seus segredos inerentes ao negócio. E este ponto traz em si uma nova questão: empresas que desejam celebrar parcerias com universidades enfrentam um forte grande dilema entre a confidencialidade e a publicidade.

Isso porque o intuito da universidade é buscar reconhecimento pela divulgação e publicação da pesquisa sobre a qual o pesquisador se debruçou durante anos, enquanto, em sentido diametralmente oposto, a empresa deseja preservar o sigilo da pesquisa para, com isso, manter o valor da inovação. Para as empresas, pois, a publicação pode colocar em risco o requisito da novidade no eventual depósito de patente.

Em relação às formas de contratação, a Lei de Inovação aponta 3 (três) principais: (a) licenciamento, (b) prestação de serviços e (c) parceria.

No licenciamento, a tecnologia que já está pronta dentro das Instituições Científicas e Tecnológicas é, naturalmente, licenciada. Num passado não muito distante, deveria existir um prévio processo licitatório para haver qualquer tipo de licenciamento de uma universidade pública para a empresa.

Na prestação de serviços, prevista no art. 8º da Lei, requer-se, necessariamente, a prévia autorização da autoridade máxima da ICT, o que compromete o processo de inovação. Assim, qualquer prestação de serviço, por mais simples que seja, exige a observância de todo um trâmite burocrático junto à universidade para que haja aprovação do serviço.

Nas parcerias tecnológicas, previstas no art. 9º da Lei, desde o início da contratação, as partes devem deixar expresso o aporte de capital, a alocação de recursos humanos e a participação de cada uma no processo de inovação, o que prejudica em muito o processo, ante a complexidade em se mensurar qual é o capital intelectual das partes e o tempo a ser despendido com a pesquisa e a busca de novos dados.

Uma das metas centrais do Plano do Ministério da Ciência e Tecnologia é elevar o montante de recursos para financiar as indústrias que investem em atividades de Pesquisa e Desenvolvimento, excetuando o setor de serviços e telecomunicações.

Em termos de publicações científicas, o Brasil está entre o 10º (décimo) e o 11º (décimo primeiro) níveis da matriz internacional de publicações, índice bastante expressivo, pois significa dizer que cerca de 1,8% (um virgula oito por cento) do total mundial de artigos científicos publicados são de autoria de brasileiros. No entanto, a correlação deste dado com o requerimento e a concessão de patentes é muito inferior ao que deveria ser.

Examinando-se a distribuição de pesquisadores por setores, verifica-se que o Brasil tem a grande maioria dos seus cientistas atuando na produção acadêmica, voltados, portanto, para a ciência básica.

Do ponto de vista tecnológico, dentre as principais características da indústria brasileira, algumas merecem destaque, conforme se verá.

Na indústria brasileira, a tecnologia estrangeira foi utilizada de forma exclusiva por muitos anos, em especial durante o período de substituição das importações, não havendo registro de um esforço tecnológico interno paralelo suficiente para emparelhar a economia brasileira às economias internacionais.

Pode-se apontar, também, um número insuficiente de empresas com atividades formais de Pesquisa e Desenvolvimento, com poucos esforços de tecnologias incrementais ou inovações radicais, ensejando conhecimento limitado e parcial de seus próprios processos produtivos, existindo uma baixa relação entre empresas, universidades e institutos de pesquisa.

Segundo Marco Antonio Lucas[57], para que se possa entender melhor todas as questões que envolvem o aspecto subjetivo das invenções, convém analisar os conceitos de criador, criação e inovação trazidos pela própria legislação, no art. 2º da Lei de Inovação Tecnológica:

"Art. 2º Para os efeitos desta Lei, considera-se:

(...)

— CRIAÇÃO: invenção, modelo de utilidade, desenho industrial, programa de computador, topografia de circuito integrado e qualquer outro desenvolvimento tecnológico que acarrete ou possa acarretar o surgimento de novo produto, processo ou aperfeiçoamento incremental, obtida por um ou mais criadores;

— CRIADOR: pesquisador que seja inventor, obtentor ou autor de criação;

— INOVAÇÃO: introdução de novidade ou aperfeiçoamento no ambiente produtivo ou social que resulte em novos produtos, processos ou serviços."

---

(57) LUCAS, Marco Antonio. *Inovação tecnológica*: os interesses do investidor e do pesquisador-criador. Disponível em: <http://www.conpedi.org/manaus/arquivos/anais/campos/marco_antonio_lucas.pdf> Acesso em: 21.2.2011.

A realidade momentânea brasileira é de que nem todos têm acesso aos recursos disponibilizados pelas Agências de Fomento[58], e com isso as "megaempresas, que patrocinam pesquisas, que combinam recursos públicos e privados, são também as que mantêm a posse e propriedade da tecnologia de ponta"[59].

> "É de conhecimento comum que o Brasil pretende fortalecer o desenvolvimento de uma política de inovação e que já são estudadas propostas para melhorar as formas de fomento, a fim de promover o desenvolvimento de novas tecnologias, sendo certo, inclusive, que o Ministério da Ciência e Tecnologia possui programas para a promoção do desenvolvimento científico e tecnológico, os quais são dirigidos para a formação de recursos humanos e para o apoio à realização de pesquisas e à geração e disseminação de novas tecnologias, visando estimular a produção de conhecimentos necessários ao desenvolvimento socioeconômico."[60]

Até que se chegue a um modelo perfeito de fomento, necessário se faz encontrar fórmulas que melhor dimensionem uma justa medida para a "divisão" dos ganhos obtidos com a criação. Para tanto, é preciso refletir sobre as normas existentes em nosso sistema jurídico e as suas possíveis lacunas, procurando fazer uma perfeita integração em sua interpretação, harmonizando os preceitos contidos na Constituição Federal, com seus objetivos e princípios, e as leis específicas, em especial a Lei n. 9.279, de 1996, que trata da propriedade industrial; a Lei n. 9.456, de 1997, cultivares; a Lei n. 9.609, de 1998, que trata de *software*; a Lei n. 9.610, de 1998, referente aos direitos autorais; e Lei n. 10.603, de 2002, sobre a informação não divulgada.

Como base dessa desejada integração harmônica, chamou-se atenção para a aplicação dos princípios gerais do direito, entre os quais aquele que veda o enriquecimento sem causa.

Em sua obra *Propriedade intelectual e desenvolvimento*, Luiz Otávio Pimentel e Welber Barral expõem a delicadeza do assunto com muita propriedade ao afirmar que "(...) foram promulgadas no Brasil várias normas para regularem e regulamentarem a propriedade intelectual, metaforicamente uma colcha de retalhos"[61].

---

(58) *Vide* art. 2º, inciso I, da Lei n. 10.973/2004, também conhecida por "lei de inovação tecnológica".
(59) BARRAL, Welber; PIMENTEL, Luiz Otávio (org.). Obra citada, p. 27.
(60) CNPq — Conselho Nacional de Desenvolvimento Científico e Tecnológico. *Fontes de financiamento*. Disponível em: <http://www.mct.gov.br/index.php/content/view/806.html> Acesso em: 31.5.2011.
(61) BARRAL, Welber; PIMENTEL, Luiz Otávio (orgs.). *Propriedade intelectual e desenvolvimento*. Florianópolis: Boiteux, 2006. p. 17.

O ambiente econômico proporcionado pelas constantes inovações tecnológicas traz novos valores, fruto daquilo que se tem chamado de "Era da Informação e do Conhecimento"[62].

4.3. A RELAÇÃO UNIVERSIDADE-EMPRESA

A Lei de Incentivo à Inovação trouxe boas perspectivas para a relação universidade-empresa, que, atendendo ao objetivo de desenvolvimento econômico do país insculpido na Constituição da República, permite acelerar o crescimento com vistas à capacitação tecnológica.

Se a organização prevista para as instituições de ciência e tecnologia nas universidades e seus escritórios de transferência de tecnologia enseja profissionalização e proteção da propriedade intelectual, também pode ser identificada como um dos elementos mais positivos dessa legislação a criação de um ambiente extremamente produtivo e profissional para tratar essas questões no âmbito da própria Universidade[63].

Infelizmente, os pesquisadores das universidades brasileiras ainda estão muito distantes da discussão sobre a relação entre ciência e tecnologia e o desafio institucional frente à inovação. Não se encontram bem definidos os papéis da empresa e da universidade nessa política industrial e na inovação.

Como vimos, a inovação está intimamente ligada a produtos, processos ou serviços, já identificada pelo empresariado como ferramenta indispensável para a obtenção e manutenção de sua competitividade.

No Brasil, a atitude empreendedora ainda é tímida e deixa de evoluir por falta dos necessários instrumentos gerenciais, tais como gestão de recursos, de contratos e de patentes, além da demanda sociocomercial, e de um ambiente social e político favorável.

Empreendem-se esforços para a construção de capacitação própria e o estabelecimento de estruturas organizacionais capazes de atender às novas demandas.

As políticas de propriedade intelectual das universidades e das instituições de pesquisa expressam as necessidades e especificidades da comunidade acadêmica, respeitando seus valores e tradições, assim como as exigências impostas pela

---

(62) SILVA, Caleb S. Pereira da. P & D e marca como instrumento de desenvolvimento da empresa — experiência brasileira. Palestra proferida no *XXI Seminário Nacional da Propriedade Intelectual* — 2001 da Associação Brasileira da Propriedade Intelectual: a Propriedade Intelectual como fator de desenvolvimento.
(63) PIMENTEL, Luiz Otávio. Diretor do Departamento de Propriedade Intelectual e do Núcleo de Inovação Tecnológica da Universidade Federal de Santa Catarina — UFSC. Palestra proferida no *XXVII Seminário Nacional da Propriedade Intelectual* — 2007, da Associação Brasileira da Propriedade Intelectual: o Direito Autoral como instrumento de Desenvolvimento Econômico.

legislação nacional, elementos que devem estar em consonância com os objetivos e a missão das instituições, sua estrutura e a extensão e qualidade da pesquisa desenvolvida[64].

A aproximação do estudo acadêmico com o mercado está se tornando cada vez mais frequente e, neste contexto, é importante reconhecer a necessidade de se investir na adequada proteção dos frutos advindos dos projetos das cooperações.

A Promoção da Inovação Tecnológica tem profunda relação com a identificação de oportunidades de inovação por meio de estudos prospectivos.

Um dos elementos fundamentais para a inovação é a atividade de Pesquisa e Desenvolvimento (P&D) realizada no ambiente empresarial. O elemento criador da inovação é o cientista ou engenheiro que trabalha para empresas, sejam seu objeto social voltado para produtos ou serviços.

No Brasil, durante a década de 1990, houve uma ampla revisão do ordenamento jurídico no campo da propriedade intelectual, com a concepção de alguns instrumentos para suprir os interesses do pesquisador e das entidades de pesquisa. Foi estabelecido o compartilhamento dos recursos para a exploração dos direitos de propriedade intelectual no âmbito das entidades dos Ministérios da Ciência e Tecnologia e da Educação e do Desporto, beneficiando, assim, o pesquisador, que passou a ter direito a 1/3 (um terço) dos proventos oriundos da exploração econômica de suas criações intelectuais.

Segundo Cruz e Perez[65], no Brasil, a cultura empresarial tende a valorizar pouco a busca da Inovação Tecnológica devido à presença de dificuldades estruturais ao avanço da tecnologia, mas esta situação vem sendo revertida nos últimos anos.

Detectam-se graves barreiras ao pleno aproveitamento das oportunidades de proteção e exploração da propriedade intelectual na área acadêmica. Exemplificando: há carência de capital e de profissionais qualificados no campo da propriedade intelectual e da transferência de tecnologia; há falta de definição de prioridades institucionais e de experiência com comercialização de tecnologias em estágio embrionário; há falta de controle em relação ao fluxo de informação entre instituições em virtude da ida e vinda de profissionais com vínculo empregatício ou mesmo sem vínculo.

Assim, o sistema de ciência e tecnologia no Brasil é reduzido não apenas em termos de recursos humanos qualificados, mas também pela concentração da atividade de pesquisa e desenvolvimento no ambiente acadêmico de universidades e institutos de pesquisa.

---

(64) ANDION, Carolina. Análise de redes e desenvolvimento local sustentável. *Revista de Administração Pública*, Fundação Getúlio Vargas, set./out. 2003.
(65) CRUZ, C. H. de B.; PEREZ, J. F. Obra citada, p. 1-3.

O CNPq dispõe de linhas de ação e instrumentos de fomento a serem utilizados para fins de inovação tecnológica: capacitação, treinamento e absorção de recursos humanos em todos os níveis; apoio a projetos de P&D; apoio a estudos; e apoio a infraestrutura.

Nesse contexto, num sistema nacional de inovação, a universidade é fundamental para formar cientistas, engenheiros e gerar novas ideias.

Contudo, é importante que se lembre que tanto a empresa como a universidade são agentes essenciais em qualquer sistema nacional de inovação, mas não são suficientes: ainda falta a presença da empresa como protagonista no cenário da pesquisa e do desenvolvimento tecnológico.

Diante dessas dificuldades, vem sendo desenvolvida uma capacitação nacional para o desenvolvimento de tecnologia, com exemplos de experiências altamente positivas que podem ser obtidas das análises dos resultados da Embraer, da Petrobras, do *cluster* de telecomunicações de Campinas (SP), do *cluster* aeroespacial em São José dos Campos (SP) e da Embrapa.

Nesse campo de incentivo pode, ainda, ser citada a Fapesp, fundação que estabeleceu o Programa de Apoio à Pesquisa em Parceria entre Universidades e Institutos de Pesquisa e Empresas em 1994.

A partir de 1997 a Fadesp passou a operar o Pipe — Programa de Inovação Tecnológica em Pequenas Empresas —, único programa do país a apoiar, a fundo perdido, atividades de P&D na empresa. A título de exemplo, há o caso concreto da AsGa Microeletrônica de Campinas, cujo objeto social é a fabricação de *modems* ópticos. Quando a empresa aderiu ao programa, em 1997, seu faturamento anual era de R$ 6 milhões (seis milhões de reais). Em 2001, 4 (quatro) anos depois, seu faturamento chegou à casa dos R$ 100 milhões (cem milhões de reais), o que importa num crescimento de cerca de 1.700% (mil e setecentos por cento) no aumento do faturamento.

Verifica-se que, na área empresarial brasileira, poucas organizações de grande porte têm núcleo ou departamento especializado em propriedade industrial, como a Petrobras, a Telebras, a Usiminas e a Eletrobras, que possuem centros de pesquisa e desenvolvimento.

No âmbito da atividade universitária já existem os correspondentes "Núcleos de Inovação Tecnológica", recentemente denominados de "Gestão Tecnológica", com incentivos e financiamentos propiciados pelo Conselho Nacional de Desenvolvimento Científico e Tecnológico (CNPq) e a Financiadora de Estudos e Projetos (Finep).

5

Os Estímulos à Inovação e à Pesquisa Científica e Tecnológica no Brasil

5.1. O conceito de inovação

Pode-se definir inovação como o vetor de crescimento econômico e o meio para alcançar o desenvolvimento, normalmente associada aos setores tecnológicos. Atualmente, contudo, é mais comum generalizar tal definição ampliando-a para abranger os setores da economia da forma apresentada a seguir:

> "É a introdução no mercado de produtos, processos, métodos ou sistemas não existentes anteriormente ou com alguma característica nova e diferente da até então em vigor."[66]

A inovação deve estar ligada necessariamente à introdução de seu produto final no mercado, ou seja, trata-se de um ciclo que somente é finalizado com a comercialização do objeto inovador.

---

(66) FINEP — Financiadora de Estudos e Projetos. *Glossário.* Disponível em: <http://www.finep.gov.br/o_que_e_a_finep/conceitos_ct.asp> Acesso em: 13.2.2011.

5.2. A POLÍTICA DE INCENTIVOS À PESQUISA E AO DESENVOLVIMENTO DAS EMPRESAS E À INOVAÇÃO NO BRASIL: O SISTEMA NACIONAL DE INOVAÇÃO

A promoção e o incentivo ao desenvolvimento científico, à pesquisa e à capacitação tecnológica são deveres do Estado, disposto no art. 218 da Constituição Federal[67].

A inovação tecnológica é reconhecida como motor ao desenvolvimento econômico do País, seja através da criação de novos produtos e serviços, seja pela introdução de novos equipamentos e processos produtivos, ou, ainda, pelo surgimento de novas formas de organização da produção e prestação de serviços[68].

Ao longo das últimas décadas, a evolução das atividades de P&D nas empresas tem sido acompanhada por iniciativas de apoio de programas públicos de incentivo à inovação.

Esse apoio governamental vem como uma resposta à existência de falhas de mercado que impediam que as empresas se apropriassem, de forma empreendedora, do benefício gerado pelos resultados de seus investimentos em P&D. A limitada rentabilidade e o elevado risco associado aos investimentos em P&D implicariam um volume de investimento privado insuficiente para assegurar uma oferta de tecnologia adequada às necessidades do processo de crescimento econômico. Associado a este fator, o descompasso entre as taxas de retorno privada e social dos projetos de P&D também contribui para que o volume de investimento privado seja inferior ao desejável.

Mesmo as políticas econômicas mais avessas à intervenção estatal na economia têm se valido do apoio governamental às atividades de P&D para reduzir o custo e/ou risco associados a essas atividades, obtidos, consideravelmente, por meio da participação do setor público no financiamento direto de pesquisas, ou por meio de concessão de benefícios fiscais que reduzam a carga tributária incidente sobre as empresas.

A principal vantagem da parceria político-privada nos programas de P&D, usualmente apontada por seus defensores, é a de permitir que o mercado, e não a autoridade governamental, defina a alocação dos investimentos em P&D de acordo com os setores envolvidos e os projetos[69].

---

(67) BRASIL. Constituição (1988). Constituição da República Federativa do Brasil. Art. 218, *caput*: "O Estado promoverá e incentivará o desenvolvimento científico, a pesquisa e a capacitação tecnológicas".
(68) CHAUVET, Rodrigo da Fonseca. Algumas considerações sobre transferência de tecnologia para o setor público. *Revista TCMRJ*, n. 44, maio 2010.
(69) GUIMARÃES, Eduardo Augusto. Políticas de inovação: financiamento e incentivos. *Revista IPEA*, 2008.

Contudo, há quem aponte alguns efeitos negativos do mecanismo de financiamento às atividades de P&D das empresas, tais como: a possibilidade de que os recursos públicos destinados a esse financiamento não venham a ampliar os fundos alocados a essa atividade, mas sim a substituir investimentos privados que seriam realizados mesmo na ausência do financiamento público; além das distorções introduzidas no processo de concorrência nos mercados dos setores beneficiados pelo financiamento, em virtude do favorecimento de alguns concorrentes.

No Brasil, o Sistema Nacional de Ciência, Tecnologia e Inovação concentra um conjunto de instituições cujos principais objetivos ou estratégias consistem, basicamente, na formação qualificada de pessoal, de infraestrutura tecnológica e de geração e absorção de conhecimento[70].

Com a criação, a partir da década de 1950, das agências e entidades que fariam parte do Sistema Nacional de C,T&I, a institucionalização de uma política voltada para área de inovação foi deflagrada. O pontapé inicial foi a criação do Conselho Nacional de Pesquisa (CNPq) e a Campanha Nacional de Aperfeiçoamento de Pessoal de Nível Superior (Capes), neste mesmo período.

No período compreendido entre 1964 e 1985, ficou a cargo do CNPq a formulação da política nacional de C&T; nas duas décadas seguintes, foram criadas instituições que tinham em foco o atendimento à crescente demanda no campo tecnológico, como o Fundo do Desenvolvimento Técnico Científico — Funtec — cujos objetivos seriam financiar as atividades de pesquisa e desenvolvimento (P&D).

Posteriormente, em 1969, houve a criação da Financiadora de Estudos e Projetos (Finep) e o Fundo Nacional de Desenvolvimento Científico e Tecnológico (Fndct), que contribuíram para a formação de um núcleo de elaboração de políticas de fomento do sistema e ampliação dos instrumentos de política científica e tecnológica, num modelo denominado "Sistema Nacional de Desenvol-vimento Científico e Tecnológico" (SNDCT), baseado nos conceitos de segurança e desenvolvimento, ciência, tecnologia e inovação, que passaram a ter uma importância crescente na estratégia econômica do governo.

Assim, a política de C,T&I no Brasil foi construída tendo o Estado como órgão central, sendo que o fomento e a promoção de iniciativas caberiam à Capes, ao CNPq e à Finep.

Com a criação do Ministério de Ciência e Tecnologia (MCT), em 1985, o cenário institucional em âmbito federal foi alterado. A Finep e o CNPq, antes

---

(70) CHAUVET, Rodrigo da Fonseca. Algumas considerações sobre transferência de tecnologia para o setor público. *Revista TCMRJ*, n. 44, maio 2010.

vinculados à Secretaria de Planejamento da Presidência da República, passaram a ficar subordinados ao MCT.

Paralelamente, as Fundações de Amparo à Pesquisa (FAPs), que atuavam, precipuamente, na promoção da pesquisa e na formação de recursos humanos, teriam uma importante participação no incentivo à pesquisa realizada no domínio dos estados, estando vinculadas às Secretarias de Ciência e Tecnologia do ente da Federação, e contavam, basicamente, com recursos orçamentários.

No período entre 1970 e 1990, prevaleceu o entendimento de que o desenvolvimento econômico e tecnológico era fundamental e precisava ser subsidiado pelo Estado, que, por meio de seus agentes de fomento, transferiam os recursos dos estados para uma parcela do setor produtivo.

Até meados da década de 1980, o sistema de C,T&I se deu com base na legitimidade da atuação do Estado como agente promotor do desenvolvimento e articulador de iniciativas.

Na década de 1990, um novo cenário se estabeleceu com o fim das transferências de recursos fiscais para o setor empresarial.

Devidos aos planos econômicos vigentes à época, uma grande incerteza se formou no cenário econômico do País, inibindo as iniciativas de desenvolvimento tecnológico do setor empresarial privado.

No âmbito das empresas, a promoção do desenvolvimento tecnológico entrou em crise devido à escassez de demanda, em razão de elevado custo de financiamento do projeto e muita incerteza em função do risco da própria atividade de desenvolvimento tecnológico[71].

Entre 1993 e 1999, o FNDCT foi o beneficiário de parte dos empréstimos externos contraídos pelo governo brasileiro junto ao Banco Interamericano de Desenvolvimento (BID) para capitalizar a Finep, mas seria óbvio que, ao fim desse período, os recursos restariam insuficientes para atender toda a demanda da área. Somente com a criação dos Fundos Setoriais seria possível retomar os investimentos em P&D. Tais Fundos eram destinados a recursos públicos a serem investidos em pesquisa e desenvolvimento.

Verifica-se, portanto, que a utilização de recursos públicos para a inovação pode ocorrer de forma direta e/ou de forma indireta, sendo certo que aquela se dá por financiamento direto para firmas requisitantes via agentes e órgãos públicos designados para tal fim, enquanto esta ocorre por meio de subsídios e incentivos fiscais.

---

(71) CHAUVET, Rodrigo da Fonseca. Obra citada.

Se, de um lado, a forma direta permite uma maior focalização de recursos e um maior controle sobre resultados, pois normalmente está ligada à apresentação de um projeto; por outro, o apoio indireto é normalmente extensível a todas as firmas de um setor ou mesmo de toda uma cadeia produtiva, desde que obedecidos os requisitos legais, sendo, portanto, mais abrangente.

5.3. Financiamento público à inovação no Brasil

Ao conjunto de agentes econômicos responsáveis pela criação e implementação de inovações dá-se o nome de Sistema Nacional de Inovação (SNI). A ideia básica contida no conceito é a de que o desempenho de inovação depende não apenas do volume de recursos financeiros dirigidos ao sistema, mas também de como eles interagem entre si[72].

Em razão de sua natureza essencialmente intangível, as atividades de inovação encontram, naturalmente, dificuldades de financiamento no mercado. As incertezas inerentes a um empreendimento dessa natureza e a assimetria de informações entre os agentes fazem com que os investidores procurem prêmios de risco e prazos particulares para esse tipo de investimento.

Algumas características peculiares tornam o investimento em Pesquisa e Desenvolvimento (P&D) diferente dos demais, pois, por exemplo, mais de 50% (cinquenta por cento) dos seus gastos correspondem aos salários de profissionais altamente qualificados, os quais retêm o conhecimento gerado pelas pesquisas[73]. Outro ponto importante a ser destacado é o grau de incerteza em relação aos resultados do investimento, assim como a diferença de percepção de risco entre empreendedores e investidores.

No Brasil, as diretrizes da política nacional de desenvolvimento científico e tecnológico são formuladas pelo Conselho Nacional de Ciência e Tecnologia (CCT); órgão de assessoramento do Poder Executivo, criado em 1996 com a finalidade precípua de formular e implementar a política de Ciência e Tecnologia (C&T), na qual que se insere a política de inovação.

A nova política industrial e de comércio exterior, com os objetivos de aumentar a eficiência econômica, bem como de desenvolver e de difundir tecnologias com maior potencial de indução do nível de atividade e de competição no comércio internacional, encontra-se definida nas Diretrizes de Política Industrial, Tecnológica e de Comércio Exterior — PITCE —, focada no aumento da eficiência da

---

(72) LUNA, Francisco; MOREIRA, Sérvulo; GONÇALVES, Ada. Obra citada.
(73) GUIMARÃES, Eduardo Augusto. Obra citada.

estrutura produtiva, da capacidade de inovação das empresas brasileiras e das exportações.

No Brasil, a capacidade de investimentos públicos sofreu acentuada queda nos últimos anos, em todas as áreas. A necessidade de administrar a dívida pública e de manter o controle da inflação impôs restrições à oferta de crédito e, portanto, a busca de mecanismos alternativos de financiamento tornou-se necessária. A tendência atual é a de formular parcerias com o setor privado para aumentar as possibilidades de investimento.

Do total de investimentos públicos em C&T, grande parcela se refere a gastos em P&D: 75% (setenta e cinco por cento), em 2000, e 79% (setenta e nove por cento) em 2003, contudo, em proporção ao Produto Interno Bruto (PIB), os investimentos públicos e privados diminuíram na comparação entre os dados obtidos nos anos de 2000 e 2003[74].

A parcela referente a investimentos em P&D atende a diferentes finalidades. Aproximadamente, 60% (sessenta por cento) desses investimentos são relativos a "dispêndios com instituições de ensino superior", enquanto a parcela investida em "desenvolvimento tecnológico e industrial", por exemplo, correspondeu a apenas 5,1% (cinco vírgula um por cento) do total em 2004. Apesar de a trajetória de investimentos nesse último item apresentar-se de forma crescente no período em análise, dada à relativa rigidez de gastos orçamentários, não há expectativa de grandes mudanças nesse quadro.

A distribuição de investimentos por ministério deixa a transparecer que a execução da política de P&D é bastante descentralizada. O MCT ocupa um papel central na implementação das estratégias de P&D, e é o ministério com maior participação no total de investimentos. O Conselho Nacional de Desenvolvimento Científico e Tecnológico (CNPq) e a Financiadora de Estudos e Projetos (Finep), que fazem parte de sua composição, respondem por boa parte da operação dos recursos. Excluindo-se o dispêndio com cursos de pós-graduação, a participação do Ministério da Educação cai um pouco e fica próxima à do Ministério da Saúde, em especial em sua atuação no que pertine a fármacos e medicamentos.

Dentre os participantes do Sistema Nacional de Inovação, destacam-se a Finep e o Banco Nacional de Desenvolvimento Econômico e Social (Bndes), cuja função é financiar projetos de inovação.

O apoio financeiro às atividades de P&D das empresas e à inovação consiste, basicamente, nos programas desenvolvidos pela Finep, que contemplam tanto a atividade tecnológica realizada nas empresas como a cooperação entre empresas e instituições científicas e tecnológicas.

---

(74) LUNA, Francisco; MOREIRA, Sérvulo; GONÇALVES, Ada. Obra citada.

A Finep administra o Fundo Nacional de Desenvolvimento Científico e Tecnológico (FNDTC), o qual conta, desde 1999, com recursos dos fundos setoriais com exceção do Funtel, sob a responsabilidade do Ministério das Comunicações.

A atuação da Finep tem mobilizado instrumentos financeiros de distintas naturezas, a saber:

> a) aporte de recursos financeiros não reembolsáveis para instituições de pesquisa e organizações públicas e privadas sem fins lucrativos;
>
> b) financiamento, em condições mais favoráveis que as de mercado, para empresas emergentes de base tecnológica; e
>
> c) aporte de capital de risco, no qual a agência participa do risco do empreendimento.

A Finep, ainda, oferece duas opções de financiamentos de projetos: (a) financiamento não reembolsável ou (b) financiamento reembolsável.

O financiamento não reembolsável é direcionado às instituições públicas, em especial universidades e centros de pesquisa, ou às organizações privadas sem fins lucrativos, e contempla projetos de pesquisa de C&T e inovação, bem como eventos voltados para o intercâmbio de conhecimento entre pesquisadores. Esta modalidade de financiamento tem como fonte de recursos os fundos setoriais de C&T.

Além dos requisitos apontados, a Finep exige o preenchimento de outras condições para conceder o benefício de apoio por meio de recursos não reembolsáveis, mediante os fundos setoriais e de capital de risco, o que tem sido feito via projeto "INOVAR" e ações correlatas.

O financiamento reembolsável, por sua vez, destina-se a qualquer instituição que apresente projeto de PD&I, e tenha condições de arcar com as obrigações do empréstimo. Os encargos e a carência desse tipo de financiamento dependem da natureza do projeto, que, via de regra, está mais afeta a inovações incrementais que demandam menor quantidade de recursos.

O BNDES atua mais fortemente com financiamento reembolsável.

Dada a diversidade de opções, a Finep aponta a falta de conhecimento dos empresários em relação ao tipo de financiamento mais adequado para atender às suas necessidades. Para suprir tal falha de conhecimento, a Finep propõe cursos de capacitação em inovação para empresários de diversas regiões do País, mas, ainda assim, são recorrentes as situações em que o empresário resiste, por exemplo, em aceitar o aporte de recursos que impliquem divisão de controle da empresas quando esse poderia seria a melhor alternativa para expandir seus negócios.

Nas fases iniciais, em que o risco é maior e a oferta de recursos é menor, o financiamento deve ser, prioritariamente, não reembolsável por meio de fundos de capital de risco público ou privado.

Nessa modalidade de financiamento, o investidor aporta recursos para o empreendedor em troca de participação no capital da empresa. O alvo desse tipo de investimento são empresas de elevado potencial de rentabilidade, com vistas na obtenção de altos retornos a médio e longo prazos. A operação compartilha riscos e pressupõe sinergia de expectativas entre investidores e tomadores de recursos na operação da empresa.

À medida que o projeto avança, a percepção de risco dos investidores diminui, e, com isso, a melhor opção passa a ser a modalidade reembolsável. Neste caso, as condições de taxas de juros, a carência e a garantia necessitam ser amoldadas ao perfil do solicitante, ao cronograma de desembolsos do projeto, bem como à quantidade de recursos envolvida. Os bancos comerciais assumem o papel principal de financiamento e o governo complementa suas ações.

As firmas se financiam preferencialmente por meio de recursos próprios, cuja disponibilidade depende, primordialmente, das possibilidades de fluxo de caixa. Definido o montante disponível, uma série de projetos é confrontada, tendo como base as técnicas tradicionais de análise de investimento em que pesam o retorno esperado e o tempo de recuperação (*play-off* valor presente líquido, entre outros). Dada a restrição dessa fonte de financiamento, alguns projetos seriam naturalmente abandonados, caso não houvesse alternativas[75].

O BNDES tem financiado a inovação por intermédio de programas específicos, tais como o Programa de Apoio ao Desenvolvimento da Cadeia Produtiva Farmacêutica (Profarma) e o Programa para o Desenvolvimento da Indústria Nacional de Software e Serviços Correlatos (Prosoft). Além disso, conta com fundos de apoio à inovação: Inovação em PD&I e Inovação em produção.

As pequenas e médias empresas (PMEs) contam também com o apoio do Serviço Brasileiro de Apoio às Micro e Pequenas Empresas (Sebrae), e de cooperativas de crédito, para viabilizar seus negócios. A preocupação com a capacitação de recursos humanos, por sua vez, é suprida em parte por recursos de órgãos federais, como CNPq e a Capes, e, em parte, por órgãos estaduais por meio das Fundações Estaduais de Amparo à Pesquisa (FAPs).

---

(75) LUNA, Francisco; MOREIRA, Sérvulo; GONÇALVES, Ada. Obra citada.

O setor público, de seu lado, fornece uma série de incentivos fiscais para a inovação, a que foram acrescidos novos incentivos adicionais pela edição da Lei do Bem (Lei n. 11.196/2005) e da Lei de Inovação (Lei n. 10.973/2004).

5.4. DOS INCENTIVOS FISCAIS ÀS ATIVIDADES DE PESQUISA E DESENVOLVIMENTO À INOVAÇÃO

A política de incentivos fiscais às atividades de P&D e à inovação vigente nos últimos anos foi definida em 1993, pela Lei n. 8.661, sendo que os incentivos definidos foram objeto de pequenas alterações introduzidas em 1997 pela Lei n. 9.532, e de pequena ampliação, em 2002, pelas Leis ns. 10.637 e 10.332.

A aprovação da Lei n. 8.661, em 1993, significou, na verdade, a retomada do mecanismo de incentivo fiscal como instrumento da política industrial e tecnológica após a desmontagem, no início do Governo Collor, da complexa estrutura de incentivos construída ao longo das décadas anteriores.

A Lei n. 8.661/1993 restabeleceu incentivos que compunham o Programa de Desenvolvimento Tecnológico Industrial (PDTI), introduzido em 1988, que, até então, não chegaram a ser utilizados.

Os incentivos estabelecidos em 1988 tiveram sua magnitude reduzida à metade no fim do Governo Sarney. Os valores originais desses incentivos foram reintroduzidos por meio de medida provisória de dezembro de 1990, que, declarada insubsistente pelo Presidente do Congresso, deixou de vigorar e foi transformada em projeto de lei encaminhado ao Legislativo, tendo, por fim, sido convertida na Lei n. 8.661/93.

Informa Eduardo Augusto Guimarães[76] que, em junho de 2005, a Medida Provisória n. 252 — posteriormente transformada na Lei n. 11.196, de 21 de novembro de 2005 — veio a consolidar os dois textos legais que, até então, definiam a política de incentivos às atividades de P&D e à inovação (Leis ns. 8.661/1993 e 10.637/2002), revogando-os.

5.5. A LEI DE INOVAÇÃO: LEI N. 10.973/2004

A Lei n. 10.973/2004 dispõe sobre incentivos à inovação e à pesquisa científica e tecnológica no ambiente produtivo e inclui diretrizes de política e medidas voltadas ao incentivo de atividades de P&D e inovação das empresas.

---

(76) GUIMARÃES, Eduardo Augusto. Obra citada.

Seu foco principal é o estímulo à participação das instituições científicas e tecnológicas no processo de inovação, bem como a construção de ambientes especializados e cooperativos de inovação.

Em síntese, a lei tem como objetivos primordiais:

— viabilizar o pleno aproveitamento econômico, por parte das instituições científicas e tecnológicas, dos resultados de suas atividades de P&D;

— autorizar, explicitamente, e disciplinar as diversas modalidades de cooperação entre essas instituições e empresas privadas; e

— instituir mecanismos de incentivo ao engajamento dos pesquisadores dessas instituições em atividades voltadas para a inovação e, em particular, naquelas associadas a essa cooperação.

No tocante ao aproveitamento econômico das inovações que resultem de suas atividades, a Lei n. 10.973/2004 reconhece o direito das instituições científicas e tecnológicas de celebrarem contratos de transferência de tecnologia e de licenciamento para outorga de direito de uso ou de exploração de criações por elas desenvolvidas, bem como o de obter o direito de uso ou de exploração de criação protegida, definindo orientações gerais quanto aos procedimentos a serem seguidos em tais contratações.

Em relação à atuação das instituições científicas e tecnológicas em cooperação com empresas privadas, a Lei n. 10.973/2004 contempla:

— a prestação de serviços a instituições públicas ou privadas, nas atividades voltadas à inovação e à pesquisa científica e tecnológica no ambiente produtivo;

— a utilização de seus laboratórios, equipamentos e demais instalações, por empresas nacionais e organizações de direito privado sem fins lucrativos voltadas para atividades de pesquisa, mediante remuneração e por prazo determinado;

— o apoio à atividade de incubação por meio de compartilhamento de seus laboratórios, equipamentos e demais instalações com microempresas e empresas de pequeno porte, em atividades voltadas à inovação tecnológica, mediante remuneração e por prazo determinado; e

— a celebração de acordos de parceria para realização de atividades conjuntas de pesquisa científica e tecnológica e desenvolvimento de tecnologia, de produto ou de processo, com instituições públicas e privadas, com previsão contratual de compartilhamento da titularidade da propriedade intelectual e dos resultados da exploração das criações resultantes da parceria, na proporção equivalente ao montante do valor agregado ao conhecimento já existente no início da parceria e dos recursos humanos, financeiros e materiais alocados pelas partes contratantes.

Além disso, a referida Lei prevê a atuação da União Federal e dos demais entes da Federação e respectivas agências de fomento no sentido de estimular e apoiar a constituição de alianças estratégicas e o desenvolvimento de projetos de cooperação, envolvendo empresas nacionais, instituições científicas e tecnológicas e organizações de direito privado, sem fins lucrativos, que tenham como objetivo a geração de produtos e de processos inovadores, contemplando as redes e os projetos internacionais de pesquisa tecnológica, bem como ações tecnológicas empreendedoras e de criação de ambientes de inovações como incubadoras e parques tecnológicos.

5.6. A LEI N. 11.196/2005 — A LEI DO BEM

Criada em 21 de novembro de 2005, a Lei n. 11.196/2005[77], chamada "Lei do Bem", prevê incentivos fiscais às empresas que desenvolverem inovações tecnológicas, quer na concepção de produtos, quer no processo de fabricação e/ou agregação de novas funcionalidades ou características ao produto ou processo.

A Lei n. 11.196/2005 passou a ser conhecida como "Lei do Bem" porque, raramente, uma lei tributária surge no cenário jurídico para criar isenção fiscal, como fez a lei em comento, além dos incentivos fiscais por ela aportados para outras atividades.

---

(77) BRASIL. *Lei n. 11.196, de 21 de novembro de 2005*. Institui o Regime Especial de Tributação para a Plataforma de Exportação de Serviços de Tecnologia da Informação — REPES, o Regime Especial de Aquisição de Bens de Capital para Empresas Exportadoras — RECAP e o Programa de Inclusão Digital; dispõe sobre incentivos fiscais para a inovação tecnológica; altera o Decreto-lei n. 288, de 28 de fevereiro de 1967, o Decreto n. 70.235, de 6 de março de 1972, o Decreto-lei n. 2.287, de 23 de julho de 1986, as Leis ns. 4.502, de 30 de novembro de 1964; 8.212, de 24 de julho de 1991; 8.245, de 18 de outubro de 1991; 8.387, de 30 de dezembro de 1991; 8.666, de 21 de junho de 1993; 8.981, de 20 de janeiro de 1995; 8.987, de 13 de fevereiro de 1995; 8.989, de 24 de fevereiro de 1995; 9.249, de 26 de dezembro de 1995; 9.250, de 26 de dezembro de 1995; 9.311, de 24 de outubro de 1996; 9.317, de 5 de dezembro de 1996; 9.430, de 27 de dezembro de 1996; 9.718, de 27 de novembro de 1998; 10.336, de 19 de dezembro de 2001; 10.438, de 26 de abril de 2002; 10.485, de 3 de julho de 2002; 10.637, de 30 de dezembro de 2002; 10.755, de 3 de novembro de 2003; 10.833, de 29 de dezembro de 2003; 10.865, de 30 de abril de 2004; 10.925, de 23 de julho de 2004; 10.931, de 2 de agosto de 2004; 11.033, de 21 de dezembro de 2004; 11.051, de 29 de dezembro de 2004; 11.053, de 29 de dezembro de 2004; 11.101, de 9 de fevereiro de 2005; 11.128, de 28 de junho de 2005, e a Medida Provisória n. 2.199-14, de 24 de agosto de 2001; revoga a Lei n. 8.661, de 2 de junho de 1993, e dispositivos das Leis ns. 8.668, de 25 de junho de 1993; 8.981, de 20 de janeiro de 1995; 10.637, de 30 de dezembro de 2002; 10.755, de 3 de novembro de 2003; 10.865, de 30 de abril de 2004; 10.931, de 2 de agosto de 2004; e da Medida Provisória n. 2.158-35, de 24 de agosto de 2001; e dá outras providências.

Em prol do desenvolvimento tecnológico brasileiro, essa Lei é destinada a todas as empresas que aplicam em inovação, concedendo incentivos fiscais, tais como o abatimento de Imposto de Renda e da Contribuição Social sobre o Lucro — CSLL — de dispêndios efetuados em atividades de P&D; e a redução do Imposto sobre Produtos Industrializados — IPI — na compra de máquinas e equipamentos para P&D.

Além desses incentivos fiscais, a "Lei do Bem" também aportou os seguintes benefícios: (a) depreciação acelerada desses bens; (b) amortização acelerada de bens intangíveis; (c) redução do Imposto de Renda retido na fonte incidente sobre remessa ao exterior resultantes de contratos de transferência de tecnologia; e (d) isenção do Imposto de Renda retido na fonte nas remessas efetuadas para o exterior destinada ao registro e manutenção de marcas, patentes e cultivares; benefícios estes que podem ser rapidamente usados, mas cujo valor do ganho dependerá do projeto.

As grandes beneficiadas pela lei em comento são as empresas optantes do chamado "Lucro Real", dentre as demais opções de tributação, quais sejam, o lucro presumido e o simples nacional. Para beneficiar-se das benesses legais, basicamente, a empresa precisa, apenas, investir em inovações.

Se fizer este investimento junto a um Instituto de Ciência e Tecnologia (ICT), esse investimento precisa ser previamente aprovado. Se a pesquisa for feita dentro da empresa, a utilização é mais simples.

No Brasil, antes da entrada em vigor da "Lei do Bem", a política pública contrariava a tendência de grande parte dos países desenvolvidos ou em desenvolvimento, que investem grandes quantias em pesquisa. O maior montante investido pelo Brasil não ia para as empresas, mas para universidades, que esbarravam nas pendências burocráticas para resolver utilizar esse dinheiro.

Em 2005, com o advento da Lei n. 11.196, instituiu-se no Brasil um modelo de incentivo fiscal à pesquisa, que procurava corrigir a distorção de a pesquisa ser originária de entidades públicas e dependentes da burocracia típica do estado brasileiro, incentivando que a inovação acontecesse de forma mais eficiente.

Antes da "Lei do Bem", existia a Lei n. 8.661, de 2 de junho de 1993, que instituía os PDTI (Programas de Desenvolvimento Tecnológico Industrial) e PDTA (Programas de Desenvolvimento Tecnológico Agropecuário).

De 1993 a 2005, quando a lei foi revogada pela "Lei do Bem", apenas cerca de 100 (cem) empresas foram beneficiadas, mostrando que os programas anteriores não obtiveram sucesso.

Mas os ajustes introduzidos em 2005 já foram suficientes para, em apenas 2 (dois) anos, o governo atingir 3 (três) vezes mais o número de empresas beneficiadas.

Mesmo com o aumento significativo no número de empresas beneficiadas pela lei, os resultados revelam que poucos empresários conhecem a legislação e fazem uso de seus dispositivos legais.

Para se ter uma ideia, estima-se que apenas 321 (trezentas e vinte e uma) empresas são beneficiadas pela "Lei do Bem"[78], de acordo com o número de formulários de pessoas jurídicas que declaram ser beneficiárias dos incentivos fiscais recebidos pelo Ministério da Ciência e Tecnologia (MCT).

As regiões Sul e Sudeste continuam sendo as que apresentam maior quantidade de demanda pela utilização dos incentivos. No caso das regiões Norte e Nordeste, os benefícios são pouco utilizados, mas o governo acredita que o motivo é a existência de outros programas de incentivos fiscais locais.

Apesar da forte presença de agroindústrias, a região Centro-Oeste ainda conta com utilização inexpressiva de incentivos fiscais para P&D.

Convém destacar, ainda, que muitas empresas não se candidatam a se tornarem beneficiárias da "Lei do Bem" porque não se reconhecem como inovadoras. Se uma empresa vier a adotar uma solução envolvendo tecnologia que vise à melhoria dos processos ou dos produtos, ela poderá obter os incentivos fiscais da lei, bastando, para tanto, instalar na empresa um programa de inovação, com projetos eficazes.

O cenário brasileiro ainda se configura, portanto, com um baixo investimento em P&D de cerca de 0,9% (zero vírgula nove por cento) do PIB (em 2003); uma cultura empreendedora crescente, mas ainda incipiente; e com uma grande dificuldade de acesso a investimento, principalmente para as micro e pequenas empresas (PMEs).

A necessidade de maior interação entre as universidades e as instituições de pesquisa e empresas tem sido, desde a década de 1970, tema recorrente dos documentos que formularam a política de C&T do País.

A Pesquisa Industrial de Inovação Tecnológica (Pintec) de 2003, realizada pelo Instituto Brasileiro de Geografia e Estatística (IBGE), revela que as firmas industriais brasileiras inovam e diferenciam pouco em comparação com os padrões das empresas internacionais.

---

(78) GUIMARÃES, Eduardo Augusto. Obra citada.

O levantamento dos programas de PD&I existentes no Brasil mostrou iniciativas de várias instituições públicas, entretanto, a Pintec 2003 constatou que, das firmas industriais brasileiras que realizaram algum tipo de inovação, menos de 19% (dezenove por cento) delas usaram alguma forma de apoio do governo, e a maior parte dos gastos das empresas industriais com PD&I foram pagos com recursos próprios[79].

---

(79) LUNA, Francisco; MOREIRA, Sérvulo; GONÇALVES, Ada. Obra citada.

6

As Invenções no Contrato de Trabalho — Aspectos Legislativos

6.1. *A criação intelectual e a proteção normativa aplicável às suas manifestações*

A criação intelectual é o que deriva da produção mental de uma pessoa[80].

Segundo Lidiane Duarte Nogueira e Guilherme Köpfer C. de Souza[81], tem-se por direitos intelectuais (ou direitos derivados da propriedade intelectual) aqueles que se relacionam à autoria e à utilização de obra decorrente da produção mental da pessoa.

Hoje, tais direitos são universalmente consagrados no art. 27.2 da Declaração Universal dos Direitos do Homem[82], e, no Brasil, o art. 5º, incisos XXVII e XXIX da Constituição Federal de 1988, também incorporou tal consagração, estabelecendo diversas normas sobre o tema:

"Art. 5º (...)

(...)

---

(80) NOGUEIRA, Lidiane Duarte; SOUZA, Guilherme Köpfer C. de. Obra citada.
(81) *Idem.*
(82) "Art. 27.2. Todo homem tem direito à proteção dos interesses morais e materiais decorrentes de qualquer produção científica, literária ou artística da qual seja autor."

XXVII — aos autores pertence o direito exclusivo de utilização, publicação ou reprodução de suas obras, transmissível aos herdeiros pelo tempo que a lei fixar.

(...)

XXIX — a lei assegurará aos autores de inventos industriais privilégio temporário para sua utilização, bem como proteção às criações industriais, à propriedade das marcas, aos nomes de empresas e a outros signos distintivos, tendo em vista o interesse social e o desenvolvimento tecnológico e econômico do País."[83]

Toda proteção da criação intelectual em nosso ordenamento jurídico constitui objeto de duas normas: (a) Lei n. 9.610/1998, que dispõe acerca dos direitos autorais; e (b) Lei n. 9.279/1996, que regulamenta a Propriedade Industrial.

Pelo Direito Autoral encontram-se protegidas as obras de caráter puramente artístico, como, por exemplo, textos de obras literárias, pinturas, gravuras, esculturas, artesanato etc. (art. 7º da Lei n. 9.610/1998), além dos direitos intelectuais relativos à criação e utilização de programa de computador (*software*) (art. 2º da Lei n. 9.609/1998).

Por outro lado, a Propriedade Industrial protege a invenção que atenda aos requisitos de novidade, atividade inventiva e aplicação industrial, além do modelo de utilidade, definido pela Lei n. 9.279/1996, como sendo o objeto de uso prático, suscetível de aplicação industrial, que apresente nova forma ou disposição, envolvendo ato inventivo de que resulte melhoria funcional no seu uso ou em sua fabricação (art. 9º).

Há capital intelectual, infungível e capaz de suscitar o regime especial da inovação, quando o empregado não é um simples trabalhador intelectual, mas compete no mercado com a venda de seu conhecimento e/ou força de trabalho.

Assim, o trabalho inovador é um trabalho de resultado de sua atividade e não somente de sua capacidade em si, competindo-lhe a pesquisa e o desenvolvimento livre para um determinado resultado.

Quando a CLT entrou em vigor, em 10 de novembro de 1943, estabeleceu que os inventos produzidos pelos empregados decorrentes de sua contribuição pessoal eram de propriedade comum dos trabalhadores e dos empregadores, em partes iguais, salvo se o contrato de trabalho tivesse por objetivo a pesquisa científica; dispunha, ainda, que cabia ao empregador explorar o invento e promover

---

[83] BRASIL. *Constituição (1988)*. Constituição da República Federativa do Brasil. Art. 5º, XXVII e XXIX.

o registro da patente em seu nome individual ou da pessoa jurídica, no prazo de 1 (um) ano, sob pena de reverter em favor do empregado a plena propriedade do invento[84].

Desde a redação inicial da Consolidação, seu art. 454[85] já inaugurava uma exceção sobre o regime de apropriação do fruto da produção; o regime do trabalhador inovador foi concebido, desde o início, como excepcionalidade ao regime celetista geral.

O cerne da questão encontrava-se como elemento central da natureza econômica do contrato de trabalho: a apropriação dos resultados da força trabalho.

> "O art. 454 da Consolidação das Leis do Trabalho pretendeu resolver, num simples artigo, a complexa questão das invenções de empregados."

Quando foi publicado o projeto da Consolidação, a Federação das Indústrias de São Paulo propôs que essa matéria fosse excluída do projeto para ser regulada, como convinha, no Código da Propriedade Industrial, que estava sendo elaborado na mesma ocasião. A sugestão, contudo, não foi aceita, sendo mantida a disposição do projeto. A Comissão do Código da Propriedade Industrial, por sua vez, aceitando o que a Consolidação dispunha, limitou-se a introduzir disposições complementares, sem procurar corrigir os evidentes defeitos contidos naquele outro dispositivo. A matéria parece não ter merecido, nem dos autores da Consolidação, nem dos membros da Comissão do Código, o estudo cuidadoso que a sua importância e complexidade exigiam[86].

Contudo, as regras celetistas não prevalecem mais; o art. 454 e seu parágrafo único foram revogados, estando a matéria, atualmente, disciplinada pela Lei n. 9.279/1996, que trata dos direitos e das obrigações relativos à propriedade industrial.

No que concerne às invenções do empregado, a Lei n. 9.279/1996 dispõe que cabe ao contrato de trabalho definir a titularidade da patente (art. 6º, § 2º). Desta sorte, tanto o empregador quanto o empregado — verdadeiro autor da obra — podem ser proprietários da invenção ou modelo de utilidade, dependendo do que estabelecer o contrato.

Nesse sentido, imperativo o conhecimento de todas as disposições trazidas pela Lei n. 9.279/1996.

---

(84) Art. 454, parágrafo único, da CLT (atualmente revogados).
(85) Artigo vigente por 27 anos, e revogado somente com o advento da Lei n. 5.772/1971, posteriormente revogada pela atual Lei n. 9.279/1996, que dispõe sobre a Propriedade Industrial.
(86) CERQUEIRA, João da Gama. Obra citada, p. 37-38.

6.2. A LEI DE PROPRIEDADE INDUSTRIAL, LEI N. 9.279, DE 14 DE MAIO DE 1996

A regulamentação das invenções realizadas por trabalhadores assalariados sempre constituiu uma das maiores preocupações dentro do campo do Direito de Patentes.

Grande parte dos países adotou disposições regulando detalhadamente os direitos de empresários e trabalhadores sobre as invenções realizadas por estes últimos. O Brasil se insere neste grupo, ao dispor de uma regulação específica sobre a matéria desde 1996. Trata-se da Lei n. 9.279, de 14 de maio de 1996, chamada de LPI — Lei de Propriedade Industrial Brasileira, que regula os direitos e obrigações relativos à propriedade industrial no ordenamento jurídico brasileiro, modificando o sistema até então vigente no Código da Propriedade Industrial.

Em matéria de invenções oriundas de um pacto laboral, a vigente lei introduziu diversas novidades relativas às patentes.

Nos arts. 88 a 93 da referida norma, conforme a relação existente entre empresário e empregado, são apresentadas três diferentes hipóteses de tratamento para as invenções laborais, que serão oportunamente objeto de análise.

Por ora, uma questão fundamental que não pode ser desconsiderada é a que diz respeito ao âmbito de aplicação do regulamento contido nos arts. 88 a 93 da Lei de Propriedade Industrial Brasileira, doravante denominada LPI.

Em geral, quando as invenções do trabalhador são reguladas por leis especiais, sua abrangência encontra-se expressamente determinada. Como bem exemplificou Fátima Lois Bastida[87], é o que ocorre, por exemplo, na Lei alemã de Invenções Trabalhistas de 1957, em que se delimita expressamente o âmbito objetivo de sua aplicação às invenções patenteáveis ou passíveis de proteção mediante modelos de utilidade e às propostas de aprimoramentos técnicos. Diferentemente, porém, quando esta regulação se insere numa legislação genérica de patentes — como observado na maioria dos países —, por não existir disposição expressa quanto ao âmbito de sua aplicação, fica a cargo da doutrina e da jurisprudência o estabelecimento de uma melhor definição acerca da extensão daquelas disposições, de acordo com as situações que possam advir dos casos concretos em análise.

Optado por regular as invenções laborais em Lei específica, o ordenamento jurídico pátrio não evitou dúvidas quanto aos efeitos dessa regulação. Isso porque, no âmbito objetivo de aplicação do regulamento brasileiro em exame, existem dois sistemas distintos de enquadramento das invenções: o primeiro seria pelo

---

(87) BASTIDA, Fátima Lois. Obra citada.

sistema do monopólio, enquanto o segundo seguiria o critério de prestação extraordinária.

Pelo "sistema de monopólio", surgido no Direito de Patentes, só se compreenderiam na regulação legal como inventos suscetíveis de serem remunerados, aqueles possíveis de serem patenteados (patenteáveis) ou capazes de serem inscritos como modelos de utilidade.

Já pelo "princípio da prestação extraordinária", disseminado pelo Direito do Trabalho, se incluiriam na regulação legal todas as invenções ou inovações produzidas pelo trabalhador que, mesmo sem reunir condições de patenteabilidade, constituíssem uma prestação especial do trabalhador e proporcionassem vantagens ao empresário.

No Capítulo XIV da LPI, relativo às invenções do trabalhador, emprega-se o termo genérico de invenções, conquanto em nenhum dos preceitos que integram o citado capítulo seja estabelecido, com precisão, um conceito de invenção.

Em geral, a maior parte da legislação também não traz tal conceituação no contexto das invenções do trabalhador.

Assim, a doutrina, de forma unânime, manifestou-se no sentido de que o conceito de invenção é aquele descrito na própria lei em que se encontram reguladas tais invenções, ou seja, verificando-se o contido nos arts. 8º a 15 e 18 da LPI brasileira, extrai-se como conceito de invenção o invento patenteável, incluindo as invenções passíveis de serem protegidas como modelos de utilidade.

No que concerne aos sujeitos atingidos pela Lei de Propriedade Industrial, são cabíveis algumas considerações, pois o regulamento anteriormente existente no Brasil englobava somente os sujeitos que prestassem seus serviços no âmbito do setor privado da economia, o que foi alterado com a edição da Lei n. 9.279/1996, que, seguindo a tendência geral adotada pelas legislações atuais, e em homenagem ao princípio da igualdade, optou por outorgar um tratamento homogêneo a todos os inventores situados numa relação de dependência, quer se trate de contratante integrante do setor privado da economia, quer se trate de contratante integrante do setor público. Desse modo, as regras relativas às relações entre empregado e empresário, contidas no Capítulo XIV, foram estendidas também ao setor público, sendo aplicáveis à Administração Pública Direta, Indireta ou Fundacional, nas esferas federal, estadual e municipal (art. 93).

6.2.1. A CLASSIFICAÇÃO DAS INVENÇÕES TRABALHISTAS E SEUS EFEITOS QUANTO À TITULARIDADE

Considerando que várias circunstâncias influem no processo de elaboração de uma invenção, o legislador distinguiu diversas categorias de invenções realizadas pelos trabalhadores, tendo como pressuposto as circunstâncias consideradas como relevantes para determinar os efeitos jurídicos correspondentes às invenções.

Efetivamente, a classificação das invenções realizadas pelos empregados tem como escopo essencial determinar, a partir de certos elementos, a atribuição do direito à patente, bem como os direitos dela decorrentes que, dependendo do caso, poderão corresponder a pessoa distinta daquela que obteve a patente.

Como bem ilustrou Fátima Lois Bastida[88], de acordo com a relação existente entre empresário e empregado, e atendendo a uma tendência mundial, a LPI contempla três hipóteses distintas que vêm a constituir as três categorias de invenções trabalhistas previstas.

Em que pese estas categorias não serem textualmente denominadas pela lei, a doutrina, para fins meramente expositivos, as apresenta (e classifica) como: (a) invenções de serviço; (b) invenções mistas; e (c) invenções livres[89].

Nas invenções de serviço ou contratuais, a invenção e o modelo de utilidade pertencem exclusivamente ao empregador por decorrerem de contrato de trabalho cuja execução ocorra no Brasil e cujo objeto seja especificamente a realização de pesquisa ou atividade inventiva, ou que seja resultado da natureza dos serviços para os quais foi o empregado contratado.

Nas invenções livres, pertencerá exclusivamente ao empregado a invenção ou o modelo de utilidade por ele desenvolvido, desde que desvinculado do contrato de trabalho e não decorrente da utilização de recursos, meios, dados, materiais, instalações ou equipamentos do empregador.

Nas invenções mistas ou comuns, a propriedade de invenção ou de modelo de utilidade será comum, em partes iguais, quando resultar da contribuição pessoal do empregado e de recursos, dados, meios, materiais, instalações ou equipamentos do empregador, ressalvada expressa disposição contratual em contrário[90].

---

(88) BASTIDA, Fátima Lois. Obra citada.
(89) *Idem*.
(90) *Vide* o tratamento dado ao tema pela "Lei do *Software*", Lei n. 9.609/1998, em divergência com a Lei Autoral, como se pode notar da leitura do dispositivo legal apontado:
"Art. 4º Salvo estipulação em contrário, pertencerão exclusivamente ao empregador, contratante de serviços ou órgão público, os direitos relativos ao programa de computador, desenvolvido e elaborado durante a vigência de contrato ou de vínculo estatutário, expressamente destinado à pesquisa e desenvolvimento, ou em que a atividade do empregado, contratado de serviço ou servidor seja prevista, ou ainda, que decorra da própria natureza dos encargos concernentes a esses vínculos.
§ 1º Ressalvado ajuste em contrário, a compensação do trabalho ou serviço prestado limitar-se-á à remuneração ou ao salário convencionado.
§ 2º Pertencerão, com exclusividade, ao empregado, contratado de serviço ou servidor os direitos concernentes a programa de computador gerado sem relação com o contrato de trabalho, prestação de serviços ou vínculo estatutário, e sem a utilização de recursos, informações tecnológicas, segredos

6.2.1.1. As invenções de serviço

Um dos pontos essenciais em toda a regulação das invenções trabalhistas, quiçá o ponto principal, é a definição daquelas invenções consideradas "de serviço", ou, por que não dizer, "invenções contratuais".

Por certo, a grande maioria das invenções é desta natureza, sobre as quais correspondem grandes direitos conferidos ao empresário.

O art. 88 da LPI refere-se a essas invenções como aquelas obtidas pelo empregado que:

> "... são resultado da execução, em Brasil, de um contrato de trabalho que tenha por objeto a investigação ou o exercício da atividade inventiva ou resulte esta da natureza dos serviços para os quais foi contratado o empregado."[91]

A denominação "de serviço", adotada sob a influência da doutrina alemã, expressa a origem destas invenções; elas são o resultado de um encargo, ordem ou missão inventiva proposta pelo empresário ao obreiro, sob a qual se circunda o contrato de trabalho avençado. Daí poder denominá-las de "invenções contratuais".

Contemplada no art. 88, a "invenção de serviço" caracteriza-se pela presença de dois elementos: (i) a previsão da atividade de investigação como objeto do contrato de trabalho; e (ii) a obtenção da invenção no exercício, e como resultado da dita atividade profissional, sendo, portanto, a materialização da prestação de trabalho devida pelo empregado.

Com uma fórmula flexível e na linha do direito comparado, segundo o art. 88, as "invenções de serviço" serão denunciadas pela própria natureza da atividade, que será, necessariamente, de investigação, pesquisa, desenvolvimento de estudos, análises ou trabalhos que possam conduzir, eventualmente, à invenção.

Por outra parte, segundo o mesmo art. 88, a atividade de investigação pode resultar "da natureza dos serviços para os quais foi contratado o empregado"[92], situação em que a "invenção de serviço" ainda assim será fruto de um serviço de pesquisa ou investigação "implicitamente" encomendado e, portanto, será considerado como "invenção de serviço". Em outras palavras, para que exista uma "invenção de serviço" não é indispensável que a missão de investigação se

---

industriais e de negócios, materiais, instalações ou equipamentos do empregador, da empresa ou entidade com a qual o empregador mantenha contrato de serviços ou órgão público.
§ 3º O tratamento previsto neste artigo será aplicado nos casos em que o programa de computador for desenvolvido por bolsistas, estagiários e assemelhados."
(91) BRASIL. *Lei n. 9.279, de 14 de maio de 1996*. Regula direitos e obrigações relativos à propriedade industrial. Art. 88.
(92) *Idem*. Art. 88.

imponha expressamente no contrato, podendo ser resultante da natureza dos serviços atribuídos ao empregado.

Na opinião unânime da doutrina, a determinação expressa da realização da pesquisa no seio do contrato tem uma influência secundária para a determinação da existência de uma missão inventiva a cargo do empregado, bastando, para tanto, que, das circunstâncias do contrato de trabalho ou da situação do empregado na empresa, possa ser deduzida que a missão fazia parte de seus deveres funcionais.

Assim, considerando que as invenções contratuais são resultado de uma atividade de investigação que constitui o objeto do contrato de trabalho ou relação de serviços do inventor, o art. 88.1 da LPI estabelece que, salvo disposição contratual em contrário, "a remuneração do trabalho mencionado... limita-se ao salário convindo"[93].

Repetindo o que já ocorria na maioria das legislações internacionais, o direito brasileiro isentou o empresário de pagar qualquer remuneração adicional por "inventos de serviço".

No caso das "invenções de serviço", o salário recebido pelo trabalhador decorre do cumprimento de uma prestação, que, neste caso, será a atividade de investigação, e não o seu resultado. Em outras palavras, o trabalhador é remunerado pela atividade que constitui o objeto do contrato, independentemente do resultado positivo ou negativo alcançado.

Paralelamente, ao empresário corresponde o dever de suportar o risco econômico da atividade desempenhada pelo trabalhador, independentemente da presença ou ausência de possíveis frutos inventivos, em consequência ao caráter comutativo do contrato de trabalho e, por extensão, da relação de prestação de serviços.

Assim, a remuneração da atividade investigadora do trabalhador, independentemente do resultado, fica garantida pelo salário contratado, retirando do empregado, por óbvio, qualquer direito em receber alguma remuneração especial pelas "invenções de encargo".

Porém, numa disposição francamente a favor do capital, a lei dispõe que, salvo expressa disposição contratual em contrário, a retribuição pelo trabalho de criação técnica limita-se ao salário ajustado no pacto laboral. No entanto, a lei deixa consignado o permissivo legal de que o empregador, titular da patente, *poderá* conceder ao empregado, autor de invento ou do aperfeiçoamento, uma participação nos ganhos econômicos resultantes da exploração da patente, mediante negociação com o interessado ou conforme disposto em norma da

---

[93] BRASIL. *Lei n. 9.279, de 14 de maio de 1996*. Regula direitos e obrigações relativos à propriedade industrial. Art. 88, I.

empresa, sendo certo que a própria lei ressalva que a participação acaso concedida não será incorporada, a qualquer título, ao salário do empregado.

A lei deixa, portanto, aberta a possibilidade de o empregador retribuir estas invenções, mediante estipulação contratual ou regra em regulamento patronal, conforme estabelecido no art. 89, segundo o qual o empresário "poderá conceder ao empregado, autor do invento ou aperfeiçoamento, uma participação nos benefícios derivados da exploração da patente"[94].

Note-se que esta disposição confere ao empresário uma mera faculdade de, por via contratual, estabelecer um sistema de remuneração tendente a motivar o interesse de seus empregados nos resultados de suas atividades, individuais ou coletivas.

Poderia o empregador, nesta fixação prévia de valores, considerar, entre outros fatores, por exemplo, os benefícios que poderão ser obtidos pela empresa, o grau de dificuldade da invenção, o custo dos investimentos necessários para sua exploração, o número de trabalhadores coinventores ou o grau de competitividade apresentado pela invenção.

Na prática, porém, iniciativas dessa ordem, lamentavelmente, ocorrem em raríssimas ocasiões, deixando-se, assim, de aproveitar grande fonte de incentivo à produção inventiva dos empregados.

Boa parte da tímida ocorrência desse tipo de acordo encontra justificativa na dificuldade de se fixar, antecipadamente, a quantia para um invento futuro, tendo em vista que ainda não se conhece o real valor da invenção que venha a ser criada, tampouco existem estudos desta natureza acessíveis ao empresariado, aptos a propiciar a realização de contratos de trabalho mais estimulantes ao pesquisador.

Apesar da falta de uniformidade sobre o tema, um dos pontos sobre os quais sempre houve entendimento pacífico e unânime na jurisprudência, na doutrina e nas legislações é o relativo à atribuição, ao empresário, do direito ao invento nas chamadas "invenções contratuais".

Seguindo a linha das demais legislações, a LPI brasileira dispôs em seu art. 88 que as "invenções contratuais" "pertencem exclusivamente ao empresário"[95], o que significa dizer que a "invenção de serviço" está, em todos os seus aspectos, salvo o direito moral do trabalhador, à disposição exclusiva do empresário.

---

(94) BRASIL. *Lei n. 9.279, de 14 de maio de 1996.* Regula direitos e obrigações relativos à propriedade industrial. Art. 89.
(95) *Idem.* Art. 88.

Desta forma, o legislador outorgou ao empresário o conjunto de direitos e faculdades que normalmente seriam atribuídos ao inventor, como consequência normal da identificação entre invenção e a prestação de trabalho, ou da consideração de que a invenção realizada é objeto acessório da obrigação principal da prestação de trabalho contratualmente assumida pelo obreiro ao empresário.

O ordenamento brasileiro concordou, assim, com outros ordenamentos jurídicos comparados, como o espanhol, o italiano e o suíço. E, segundo a doutrina majoritária, na "invenção de encargo", ao ser a atividade inventiva objeto do contrato de trabalho, existe uma propriedade originária do empresário sobre os direitos patrimoniais derivados da invenção, afastando a ideia de cessão automática *ex lege*, uma vez que o trabalhador, em nenhum momento, foi titular da dita invenção.

6.2.1.2. *As invenções mistas*

A lei brasileira contempla em seu art. 91 uma outra hipótese de invenção realizada pelo empregado, em que a invenção não é resultado de uma missão inventiva imposta no contrato, nem de instruções particulares do empresário, mas "resultado da contribuição pessoal do empregado e da utilização de recursos, dados, meios, materiais, instalações ou equipamentos do empresário"[96].

As anteriores considerações levaram a jurisprudência e a doutrina a criar e definir institutos peculiares de grande aplicação no campo das invenções trabalhistas no tocante à sua titularidade. Já as legislações atuais adotaram soluções diversas, como a outorga ao empresário da titularidade, ou a concessão a este de uma simples licença de exploração, ou, situações intermediárias, em que há o reconhecimento alternativo de ambas as opções, como acontece nas legislações francesa e espanhola.

No caso brasileiro, havendo participação conjunta do trabalhador e do empresário na obtenção do invento, haverá, consequentemente, copropriedade da patente, uma vez que resultante da contribuição pessoal do empregado e da utilização de recursos, dados, meios, materiais ou equipamentos do empregador.

De imediato, a leitura do art. 91 da LPI permite distinguir dois critérios relevantes para o conceito de "invenção de serviço", a saber: (i) a iniciativa pessoal do trabalhador ao resultado inventivo; e (ii) uma específica contribuição da empresa na invenção, no que diz respeito aos recursos utilizados pelo obreiro para alcançá-la.

---

(96) BRASIL. *Lei n. 9.279, de 14 de maio de 1996*. Regula direitos e obrigações relativos à propriedade industrial. Art. 91.

Desta forma, a "invenção de serviço" seria o resultado de uma participação conjunta, ainda que de forma autônoma, do trabalhador inventor e da empresa.

Certamente, quando da qualificação das invenções mistas, o legislador partiu de um modelo no qual os inventos decorreram de comprovadas experiências, trabalhos prévios ou outros estímulos obtidos na empresa que pudessem atestar a efetiva cooperação do empregador na criação do invento, considerando que, no caso das invenções mistas, a contribuição da empresa no resultado inventivo deve consistir-se, segundo assinala o art. 91 da LPI, na utilização, pelo trabalhador, de "recursos, dados, meios, materiais, instalações ou equipamentos"[97] do empresário, havendo, pois, uma grande diversidade quanto à modalidade de cooperação material da empresa na criação do invento não elencadas pelo dispositivo legal, mas que, nem por isso, são excluídas de sua abrangência.

Em verdade, as contribuições da empresa no resultado inventivo, para gerar o condomínio, deve compreender todo o seu potencial tecnológico como elemento decisivo na obtenção da invenção.

Assim, identifica-se que as contribuições empresariais também podem ser de caráter imaterial, ou seja, de natureza intelectual, manifestada através de informações, *know-how* e métodos, podendo, ainda, ter natureza tecnológica derivada da utilização de instalações, instrumentos e técnicas desenvolvidas na empresa e que influenciaram consideravelmente o processo inventivo.

Daí se conclui que a contribuição material do empresário descrita no art. 91 é meramente exemplificativa, pois o artigo engloba toda contribuição técnica ofertada pelo empresário que tenha sido capaz de levar ao resultado inventivo.

Segundo a LPI, no caso das "invenções mistas", diferentemente do que ocorre com as "invenções contratuais", o empregado-inventor tem legalmente reconhecido o seu direito ao recebimento de uma "remuneração equitativa" (art. 91.2), considerando-a como uma contrapartida fundamental à atribuição cedida ao empresário de um direito de utilização sobre a invenção.

A LPI, no entanto, não estabeleceu nenhuma pauta ou critério para determinar a quantia da remuneração, tampouco fixou qual o procedimento a ser adotado para a implementação de tal contrapartida. A imprecisão da lei, neste ponto, foi advertida pelos autores que a têm censurado, em especial quanto à ambiguidade da noção de "justa remuneração"[98].

---

[97] *Idem.* Art. 91.
[98] FURTADO, Lucas Rocha. *Sistema de propriedade industrial no direito brasileiro.* São Paulo: Brasília Jurídica, 1996. p. 79-80.

Nesse sentido, interessante valer-se, mais uma vez, dos dizeres de Fátima Lois Bastida:

> "Para determinar la cuantía de la compensación la mayoría de las legislaciones contienen tres diversos criterios. El punto de partida viene dado por el valor económico de la invención que se modifica por el factor de contribución del empresario y por el factor de contribución del trabajador (JONCZYK. *Employee inventions*, IIC, 20, p. 866, 1989; STRAUS, *Arbeitnehmererfinderrecht*: grundlagen und móglichkeiten der rechtsangleichung, GRUR Int., 1990. p. 361). Según las citadas Directivas alemanas relativas a la compensación, donde se contiene la elaboración más destacada en esta materia, el valor de la invención se determina sobre la base de tres diversos métodos, los cuales tienen en común el hecho de considerar la «explotabilidad económica» de la invención. Entre estos métodos destaca el de la analogía con las licencias, postulado por la jurisprudencia y la Comisión arbitral alemanas por ser el método más simple y fiable. Las invenciones de gran valor económico suelen ser remuneradas por este método que consiste, fundamentalmente, en evaluar lo que un inventor libre recibiría por la cesión o explotación de una invención similar. En tal caso, el valor de la invención se obtiene utilizando las tasas de licencia usuales en la rama industrial para casos comparables en supuestos de invenciones libres. Esta tasa de licencia, expresada en porcentaje o como un determinado importe de dinero, es elevada a un determinado importe de referencia. El valor de la invención es, pues, el importe de referencia multiplicado con la tasa de licencia. Por otra parte, para determinar la contribución de la empresa a la invención suelen distinguirse tres factores; a saber, la contribución del inventor y de la empresa a la definición del problema inventivo, sus respectivas contribuciones a la solución del mismo y la posición del inventor en la empresa."[99]

Segundo o relato acima, o valor econômico da invenção poderia ser apurado pela "explorabilidade econômica" do invento, método pelo qual se avaliaria o que um inventor livre receberia pela cessão ou exploração de uma invenção similar.

Em paralelo, para determinar a contribuição da empresa à invenção, três fatores costumam ser distinguidos: (i) a contribuição do inventor e da empresa para a definição do invento; (ii) suas respectivas contribuições à criação do invento; e (iii) a posição do inventor na empresa.

Ainda segundo a LPI, o empresário tem direito de obter uma licença exclusiva sobre a "invenção de serviço", enquanto ao empregado corresponderia, apenas, o

---

(99) *Idem*.

direito à "justa remuneração". Tendo em conta esta previsão legal, a remuneração do empregado poderia ser estabelecida como uma justa participação nos benefícios que o empresário venha a obtenher graças à invenção de seu empregado, o que poderia ser determinado segundo diversos aspectos, como, por exemplo, os benefícios obtidos pela empresa, o grau de dificuldade da invenção, o custo dos investimentos necessários para a exploração da invenção, o número de trabalhadores coinventores ou, ainda, o grau de competitividade da invenção.

Para Carvalho[100], a possibilidade legal conferida ao patrão de atribuir-se, ainda que parcialmente, a propriedade do invento — mesmo quando constitucionalmente atribuída originalmente ao inventor[101] — encontra-se embasada na especificação da invenção. O empregador só adquire o condomínio sobre o invento em função de ele ter aderido ao seu capital e ter sido transformado num resultado da associação feita pelo obreiro e suas ideias com os recursos, meios e bens da empresa, gerando uma espécie nova, da qual é impraticável retornar ao *status quo ante*.

Por outro lado, a LPI silencia não só sobre a quantia da compensação, mas também quanto ao momento em que este valor deveria ser pago.

A este respeito, e para evitar que o pagamento da compensação se prolongue excessivamente, uma boa solução frequentemente utilizada consiste em repartir o referido pagamento em duas etapas, sendo a primeira durante o processo de evolução até a concessão da patente; e a segunda, quando já for possível a exploração da invenção. Assim, o empregado recebe, inicialmente, uma parte da quantia quando a patente é solicitada ou a exploração da invenção tem início e, posteriormente, a quantia é complementada em função da percepção dos benefícios derivados de referida exploração.

A "invenção mista" constitui uma categoria intermediária entre a "invenção contratual" e a "invenção livre", sendo caracterizada pela participação conjunta de elementos oriundos tanto da empresa quanto da iniciativa espontânea e individual do trabalhador. Neste contexto, sua delimitação, bem como a configuração de seu regime jurídico, foram objeto de enormes dificuldades e dúvidas para a doutrina e a jurisprudência especializadas, e, mesmo, para o próprio legislador.

O direito autoral do empregado e a delimitação da medida da contribuição do empresário para o invento reclamava um peculiar regime jurídico.

---

(100) CARVALHO, Nuno T. P. Os inventos de empregados na nova lei de patentes. *Revista da ABPI*, n. 23, jul./ago. 1996.
(101) *Idem*.

Assim, mantendo a linha já adotada no regime anterior pelo Código Brasileiro da Propriedade Industrial de 1945[102], a LPI brasileira trouxe uma solução peculiar à questão da titularidade das "invenções mistas", estabelecendo em seu art. 91 que estas invenções "são propriedade comum, em partes iguais"[103] do empresário e do empregado, salvo disposição contratual em contrário.

A LPI dispõe de normas disciplinando o funcionamento da cotitularidade, em particular em seu art. 99, que fixa a quota-parte de cada um dos empregados partícipes na invenção. A este respeito, o preceito mencionado estabelece a regra da igualdade de quotas como uma solução aplicável para quando os condôminos não tenham estipulado outro regime.

Mesmo assim, em caso de cessão de sua quota por um dos cotitulares, qualquer um dos cotitulares restantes poderá exercer, em igualdade de condições, o direito de preferência.

Em qualquer caso, contudo, o empresário tem o direito à obtenção de licença de exploração exclusiva, enquanto ao empregado restaria o direito de receber uma "justa remuneração" pela sua invenção.

Ressalte-se, ainda, que caberá ao empresário iniciar a exploração do objeto da patente no prazo de 1 (um) ano a contar da data de sua concessão.

No caso de "invenções mistas", o art. 91 da LPI é fundamental à situação do empregado e do empregador como um caso de propriedade comum. Parece, pois, pacífica a copropriedade de patentes, modelos de utilidade ou desenhos industriais, especialmente por não haver, quanto a esta forma de condomínio, qualquer vedação legal.

Ao contrário, no art. 6º, § 3º da LPI, é previsto o direito de copostulação do privilégio, dizendo-se que "a patente poderá ser requerida por todas ou qualquer delas, mediante nomeação e qualificação das demais, para ressalva dos respectivos direitos"[104].

No caso das invenções comuns, em que os resultados do invento devam ser repartidos meio a meio entre a empresa e o inventor ou os inventores, é garantido ao empregador o direito exclusivo de licença de exploração, bem como é assegurado ao empregado o direito ao recebimento da "justa remuneração". Em outras palavras,

---

(102) Art. 65. "... toda invenção realizada pelo empregado será propriedade comum, em partes iguais, do empresário e do inventor, se é devida à contribuição pessoal deste e às instalações ou equipamento do empresário".
(103) BRASIL. *Lei n. 9.279, de 14 de maio de 1996*. Regula direitos e obrigações relativos à propriedade industrial. Art. 91.
(104) BRASIL. *Lei n. 9.279, de 14 de maio de 1996*. Regula direitos e obrigações relativos à propriedade industrial. Art. 6º, § 3º.

o empregador é o único explorador da patente, sob licença *legal* exclusiva concedida pelo empregado, tanto para utilização direta do objeto do invento, quanto para licenciamento ou sublicenciamento a terceiros.

Note-se que não se trata de caso de *preferência* ou mesmo de *exclusividade* da licença, caso o empregado resolva conceder licença sobre sua criação. Contudo, a licença *do empregado ao empregador* resultante de lei é automática.

Não se imagine que essa licença legal importe em desbalanceamento de interesses entre patrão e empregado. Ao contrário, a própria lei estabelece sanções e consequências para o descaso ou mau uso da licença legal. Na falta de acordo, a exploração do objeto da patente deverá ser iniciada pelo empregador dentro do prazo de 1 (um) ano a contar da data de sua concessão, sob pena de passar à exclusiva propriedade do empregado, ressalvadas as hipóteses de falta de exploração por razões legítimas.

Aqui cabe a aplicação, no que for pertinente, do previsto no art. 68 do CPI/1996, em especial no que tange à regra da "escusa legítima" para o empregador explorar a patente no prazo indicado.

Nunca é demais lembrar que a mesma regra aplica-se quando o invento resulta de relação de estágio, de servidor público não empregado e de serviço autônomo, inclusive no caso em que o prestador seja pessoa jurídica. Em todas essas hipóteses haverá condomínio e licença legal em favor do empregador, da administração pública ou do tomador de serviços.

Por outro lado, o condomínio só será *em partes iguais* se não houver disposição em contrário. Igualmente, em se tratando de diversos inventores, eles somente terão direito à repartição igualitária caso não haja prévio ajuste (art. 91, § 1º).

Um dos problemas mais recorrentes em Direito Patentário é da situação jurídica da licença concedida por um dos titulares conjuntos de uma patente.

Gama Cerqueira, citando o Decreto-lei n. 1.945, estabelece a distinção entre a liberdade de uso de invenção, que todos os condôminos têm, e a faculdade de utilização do privilégio (*idem*, no 137):

> "Explorar a patente é tirar proveito dela, cedendo-a ou concedendo licenças para exploração da invenção.
>
> Explorar a invenção é usá-la industrialmente, é fabricar e vender o produto privilegiado ou empregar o processo que faz objeto da patente."[105]

---

(105) CERQUEIRA, João da Gama. Obra citada.

Sustenta o apontado autor que teria o comunheiro o direito de explorar a patente, sem necessidade de recíproco consentimento[106], o que não ocorreria, contudo, no tocante ao poder de ceder o privilégio ou de licenciá-lo, fundamentando seu entendimento[107] na aplicação da regra do art. 1.314 do Código Civil de 2002. Tal entendimento, contudo, merece ser analisado com cautela, uma vez que a aplicação das regras da Lei Substantiva aplicáveis ao condomínio não deve ser feita de forma automática nos casos que envolvam patentes de invenção.

Para o referido autor, deveria haver um tratamento distinto do da alienação da patente, no que tange à faculdade de conceder licenças: dever-se-ia permitir a alienação ao comunheiro, salvo quando a licença funcionasse como alienação, o que faria a alienação depender da aprovação dos demais.

Na verdade, somente a análise do fenômeno do licenciamento de privilégios de invenção poderá definir os parâmetros a serem aplicados aos preceitos que, no Código Civil, regem o condomínio. Se o bem tutelado pelo condomínio for atingido pelas eventuais práticas antijurídicas do comunheiro que concede a licença, então haverá identidade da natureza do direito (absoluto, exclusivo, patrimonial) e identidade do objeto em si; fatores capazes de justificar a aplicação do Código Civil.

6.2.1.3. AS INVENÇÕES LIVRES

O art. 90 da LPI define as "invenções livres" como aquelas realizadas pelo empregado "sem relação alguma com seu contrato de trabalho e sem utilizar os recursos, meios, dados, materiais, instalações ou equipamentos do empresário"[108].

Tal como a maioria das legislações sobre a matéria, a lei brasileira delimitou de forma excludente estas invenções em face das demais categorias de invenções trabalhistas contempladas pelo citado diploma legal.

Serão, pois, consideradas "invenções livres" aquelas que não sejam nem serviço, nem mistas; ou seja, aquelas que não decorrerem do exercício de uma atividade de investigação explícita ou implicitamente constitutiva do objeto de

---

(106) CC de 1916, "Art. 623. Na propriedade em comum, ou condomínio, cada condômino ou consorte pode: I — usar livremente da coisa conforme seu destino, e sobre ela exercer todos os direitos compatíveis com a indivisão; II — reivindicá-la de terceiro; III — alhear a respectiva parte indivisa, ou gravá-la (art. 1.139). CC de 2002, art. 1.314. Cada condômino pode usar da coisa conforme sua destinação, sobre ela exercer todos os direitos compatíveis com a indivisão, reivindicá-la de terceiro, defender a sua posse e alhear a respectiva parte ideal, ou gravá-la. (...)".
(107) CERQUEIRA, João da Gama. Obra citada.
(108) BRASIL. *Lei n. 9.279, de 14 de maio de 1996*. Regula direitos e obrigações relativos à propriedade industrial. Art. 90.

seu contrato de trabalho, e tampouco resulte de meios ou de conhecimentos oriundos da empresa.

A "invenção livre" tem sua fonte fora da empresa, em investigações privadas de seu autor e, por essa razão, segundo dispõe o art. 90 da LPI, "pertencerá exclusivamente a este"[109].

Em havendo uma eventual renúncia do empresário sobre os direitos relativos a uma "invenção de serviço", poder-se-ia entender que o invento, inicialmente "de serviço", teria adquirido a condição de "livre", tal como previsto na lei alemã de invenções trabalhistas, no ponto em que prevê que, no caso de invenções de serviço não reclamadas pelo empresário no prazo legalmente estipulado, ou que foram expressamente rejeitadas, tais invensões passarão a ser enquadradas como "invenções livres".

6.3. DOS DIREITOS AUTORAIS DO INVENTOR-EMPREGADO

Independentemente do tipo de invenção e do regime pactuado, a proteção dos legítimos interesses do empregado-inventor sempre compreenderá dois aspectos distintos: (a) o aspecto moral; e (b) o aspecto econômico (ou patrimonial).

Enquanto o aspecto moral reside no direito moral do inventor em ser reconhecido como o autor da invenção e de ser mencionado como tal na solicitação e na patente ("direito de nominação"), o aspecto econômico se traduz no direito ao registro da patente, isto é, no direito de solicitar e obter a patente, bem como de explorá-la ("direito de titularidade").

6.3.1. O DIREITO MORAL

O direito ao título e à qualidade de inventor foi considerado, desde muito cedo, como uma das principais prerrogativas a ser preservada ao inventor quando este cede ou deve ceder suas invenções a um terceiro; tal direito constituiria a via capaz de permitir ao trabalhador usufruir dos direitos patrimoniais, além de reforçar seu crédito como inventor face à sua empresa e às demais concorrentes.

Na maioria das legislações, o direito moral do inventor deriva do art. 4º da CUP, que consagra o direito de ser mencionado como inventor na solicitação e na patente.

---

(109) *Idem.* Art. 90.

A Lei n. 9.279/1996 inclui este direito em seu art. 6º, ao estabelecer que "o inventor deve ser nomeado e identificado mas pode opor-se à divulgação de seu nome"[110].

Ao comentar o conteúdo deste direito, a doutrina referiu-se a seus dois aspectos principais: (i) o direito de ser reconhecido como autor do invento; e (ii) o direito de ser mencionado como tal na solicitação e na patente, sendo certo, porém, que a maioria da legislação, seguindo o preceituado no art. 4º da CUP, só reconhece o direito de menção como parte integrante do direito moral.

O direito moral de ser mencionado como inventor na patente é irrenunciável, inalienável e imprescritível, sobrevivendo ao tempo legal de proteção da patente e, mesmo, à morte do inventor. Ainda, não pode ser cedido de forma definitiva. Apesar da característica de irrenunciabilidade, tal fato não exclui a faculdade que assiste ao inventor de não querer ser mencionado, podendo valer-se do direito ao anonimato que lhe assegura o art. 6º da LPI.

Um importante aspecto a ser considerado refere-se à proximidade e à distinção entre os direitos morais do autor de invenção e os do autor de obra literária, artística e científica, estes últimos regidos pela Lei n. 9.610/1998. Tanto no aspecto da nominação e no do direito ao anonimato, quanto na questão do direito ao ineditismo, os dois regimes se assemelham. Mais adiante, contudo, teremos que tratar dos negócios jurídicos relativos à cessão do direito de requerer patente e os de cessão de invenção futura, onde o parâmetro do direito autoral é particularmente atraente.

6.3.2. O DIREITO A UMA COMPENSAÇÃO ECONÔMICA

Não se pode perder de vista a natureza essencialmente patrimonial dos direitos de propriedade industrial, para os quais a exclusividade econômica, e não a expressão criativa, é o fim principal da tutela jurídica.

Os regramentos constitucionais de um e de outros ramos dos direitos intelectuais são diversos, como já se viu nos comentários ao art. 2º da Lei n. 9.279/1996, em que os direitos de propriedade industrial estão sujeitos ao princípio teleológico da conformação ao desenvolvimento social, tecnológico e econômico do País, o que não se impõe ao exercício dos direitos autorais sobre obras artísticas.

Por tal razão, não cabe, com base na contiguidade dos direitos de propriedade intelectual, aplicar *à outrance* as normas relativas aos direitos morais, constantes

---

(110) BRASIL. *Lei n. 9.279, de 14 de maio de 1996*. Regula direitos e obrigações relativos à propriedade industrial. Art. 6º.

da Lei n. 9.610/1998, às patentes ou marcas. O eventual empréstimo sofrerá o filtro da regra constitucional e sua adaptação a um outro sistema de direito cujos propósitos serão inteiramente distintos.

Como as "invenções livres" são aquelas obtidas pelo trabalhador sem nenhuma relação com seu contrato de trabalho e sem a utilização de meios ou recursos da empresa, o art. 90 da LPI estabelece que estas "pertencerão exclusivamente ao empregado".

Segundo este preceito, o empregado poderá dispor livremente sobre estas invenções; isto é, poderá decidir se as explorará ou não, se as divulgará, se requererá sua patente, sem que caiba ao empresário nenhum direito prevalente de exploração em face de um terceiro.

Curiosamente, a lei aplica a mesma regra da relação de trabalho subordinado às relações contratuais de prestador de serviços autônomos — seja o prestador pessoa jurídica ou natural —, equiparando-os. Assim, havendo um contrato comutativo de serviços, e não associativo (como o seria o consórcio de desenvolvimento tecnológico), as regras aplicáveis serão aquelas estabelecidas pela Lei n. 9.279/1996.

Para que não pairasse nenhuma dúvida quanto aos limites da aplicação da lei, desde sua publicação, foram imediatamente revogados os dispositivos celetistas que cuidavam do tema, restando apenas a regulamentação específica aplicável ao caso.

Em se tratando de trabalhador cuja prestação não esteja voltada para a criação, o salário não tem o condão de cobrir esse fruto incidental e excepcional de sua atividade. Daí surge que, dentre as opções lógicas que se apresentariam ao legislador diante do tema, seria possível a adoção das seguintes soluções: (a) a apropriação indiscriminada, pelo empregador, de todos frutos, normais ou excepcionais, o que poderia configurar possível desestímulo à revelação e provável inconstitucionalidade; (b) o reconhecimento de que o fruto excepcional da prática laboral seria completamente do inventor, deixando de lado, assim, o aporte dos meios materiais, contexto e oportunidades resultantes do capital do investidor; (c) o estabelecimento de um *consortium* legal, que pode resultar num condomínio de resultados.

O equilíbrio dos interesses econômicos de inventor e empresário deve levar em conta a desigualdade eventual das partes, mas também a importância crucial do uso e a apropriação da tecnologia, não só para o capital, mas também para a sociedade. Assim, a lei deve criar protocolos mútuos de proteção.

A questão da compensação ao trabalhador pelas invenções que realizou constitui um tema crucial e, ao mesmo tempo, extremamente complexo. Nos últimos anos, os principais países industrializados, em que há um elevado nível inventivo, constataram a importância determinante da motivação pessoal no fomento e desenvolvimento da inovação tecnológica.

Essa circunstância levou os legisladores daqueles países a introduzirem medidas ou ampliarem as já existentes, de forma a estimular a investigação objetivando promover o desenvolvimento tecnológico. Contudo, a intervenção do legislador, por si só, é insuficiente para tratar esta matéria.

As empresas devem tomar consciência da relevância da questão, adotando medidas próprias e flexíveis em função dos eventuais resultados obtidos. Neste diapasão, a criação de programas próprios de remuneração são frequentes nas empresas japonesas e norte-americanas, onde são previstas diversas fórmulas de gratificação aos autores de melhorias técnicas e sugestões não patentáveis, mas eficazes, com intuito de estimular a pesquisa no seio das empresas.

Em qualquer caso, as legislações devem estabelecer regras claras e precisas para estabelecer uma quantia compensatória e, principalmente, para determinar o método adequado à fixação desta remuneração.

A lei, pois, distingue três hipóteses:

— Invenções de Serviço — As invenções e os modelos de utilidades pertencerão exclusivamente *ao empregador* quando decorrerem de contrato de trabalho cuja execução ocorra no Brasil e que tenha por objeto a pesquisa ou a atividade inventiva, ou quando esta resulte da natureza dos serviços para os quais foi o empregado contratado.

— Invenções Livres — Pertencerão exclusivamente *ao empregado* as invenções ou os modelos de utilidades por ele desenvolvidos, desde que desvinculados do contrato de trabalho e não decorrentes do emprego de recursos, meios, dados, materiais, instalações ou equipamentos do empregador.

— Invenções Comuns/Mistas — A propriedade das invenções ou dos modelos de utilidades *serão comuns*, em partes iguais, quando resultarem da contribuição pessoal do empregado e de recursos, dados, meios, materiais, instalações ou equipamentos do empregador, ressalvada expressa disposição contratual em contrário[111].

---

(111) *Vide* o tratamento dado ao tema pela Lei do *Software*, Lei n. 9.609/1998, em divergência no ponto com a Lei Autoral: "Art. 4º Salvo estipulação em contrário, pertencerão exclusivamente ao empregador, contratante de serviços ou órgão público, os direitos relativos ao programa de computador, desenvolvido e elaborado durante a vigência de contrato ou de vínculo estatutário,

No caso das "invenções mistas", como já dito, o art. 91, § 2º, da Lei n. 9.279/1996, assegura ao empregado uma "justa remuneração" paga pelo empregador em razão da licença de exploração exclusiva da patente.

Em que pese a norma supracitada, utilizar o termo "remuneração" para qualificar a retribuição devida ao empregado em razão de invenção não reflete a melhor técnica. Em verdade, não se trata de remuneração, eis que tal pagamento é completamente desprovido de natureza salarial, tratando-se, em verdade, de *royalties*, ou seja, "o preço a ser pago pela cessão ou licença de direitos de propriedade industrial"[112].

Como salário significa a contraprestação do trabalho, elemento essencial e principal do contrato de trabalho, e a remuneração que refere o art. 91 da Lei n. 9.279/1996 decorre do gozo de um bem, vale dizer, representa a renda proveniente da propriedade[113], a consequência da licença exclusiva explorada pelo empregador traduz-se numa recompensa secundária para o empregado inventor, e jamais em uma "remuneração".

Tanto a doutrina quanto a jurisprudência ainda não firmaram entendimento harmônico sobre a delimitação da abrangência do termo "justa remuneração" e, consequentemente, sobre qual deve ser o valor pago pelo empregador ao empregado nas "invenções mistas".

O *caput* do art. 91[114] da Lei de Propriedade Industrial prevê que a criação de uma "invenção mista" enseja a propriedade comum, em partes iguais, sobre a invenção.

Nesse contexto, lógica a conclusão de que, uma vez estabelecido o condomínio sobre a invenção em quinhões iguais, salvo expressa disposição contratual em

---

expressamente destinado à pesquisa e desenvolvimento, ou em que a atividade do empregado, contratado de serviço ou servidor seja prevista, ou ainda, que decorra da própria natureza dos encargos concernentes a esses vínculos.
§ 1º Ressalvado ajuste em contrário, a compensação do trabalho ou serviço prestado limitar-se-á à remuneração ou ao salário convencionado.
§ 2º Pertencerão, com exclusividade, ao empregado, contratado de serviço ou servidor os direitos concernentes a programa de computador gerado sem relação com o contrato de trabalho, prestação de serviços ou vínculo estatutário, e sem a utilização de recursos, informações tecnológicas, segredos industriais e de negócios, materiais, instalações ou equipamentos do empregador, da empresa ou entidade com a qual o empregador mantenha contrato de serviços ou órgão público.
§ 3º O tratamento previsto neste artigo será aplicado nos casos em que o programa de computador for desenvolvido por bolsistas, estagiários e assemelhados".
(112) CARVALHO, Nuno T. P. Obra citada, p. 27.
(113) MANSUR, Júlio Emilio Abranches. Obra citada, p. 12.
(114) "Art. 91. A propriedade de invenção ou de modelo de utilidade será comum, em partes iguais, quando resultar da contribuição pessoal do empregado e de recursos, dados, meios, materiais, instalações ou equipamentos do empregador, ressalvada expressa disposição contratual em contrário."

contrário, a remuneração do empregado deverá se dar da mesma forma, em partes iguais.

Assim, uma vez fixada a remuneração pelos sujeitos do contrato, ainda que com base em suposta invenção futura do empregado, nenhuma dificuldade pode subsistir, pois as partes deverão cumprir o que foi contratado (*pacta sunt servanda*).

No entanto, na falta de estipulação expressa em contrário, existindo copropriedade, em partes iguais, corrobora-se a ideia de que o empregado deverá receber *royalties* no valor de metade dos lucros[115] apurados pelo empregador na exploração do invento[116]. Em outros termos, a "justa remuneração" equivalerá à metade do efetivo benefício auferido pelo empregador em razão da invenção.

Outro tema que merece atenção é a durabilidade do pagamento de tal retribuição pelo empregador ao empregado em virtude de sua invenção.

Se o art. 40[117] da Lei n. 9.279/1996 dispõe que a patente da invenção vigorará por 20 (vinte) anos a contar de seu depósito, conclui-se, então, que o período de privilégio de exploração do invento corresponde ao término da vigência da patente, eis que após esse tempo a patente cai em domínio público.

Nesse sentido, nada mais razoável que seja este o termo final a ser considerado para o pagamento da retribuição devida pelo empregador ao empregado nos casos em que não houver expressa disposição contratual em contrário.

Se o condomínio de uma propriedade é uma relação cível, o término da relação de emprego em nada altera o direito do trabalhador quanto ao recebimento dos frutos de sua invenção, pelo que o empresário, mesmo após o fim do vínculo trabalhista, continuará obrigado a pagar àquele trabalhador a "justa remuneração" a que faz jus pela invenção.

---

(115) "O lucro, bem entendido, para fins de apuração dos royalties, não é o lucro de balanço, mas sim os ganhos direitos e indiretos com a exploração do invento. São ganhos direitos os obtidos com a venda do produto patenteado ou com a venda do produto obtido mediante a aplicação do processo patenteado. São ainda diretos os ganhos decorrentes da diminuição de custos que resultarem da aplicação da invenção ao processo produtivo. Estes ganhos sofrerão dedução dos custos que o empregador assume para explorar diretamente o invento (matérias-primas, mão de obra, tributos, fretes, embalagens, etc.) bem como metade dos custos assumidos na aquisição e na manutenção dos direitos de propriedade industrial (retribuição, anuidade e outras despesas). Os ganhos indiretos são os que o patrão obtiver do licenciamento da invenção a terceiros."
(116) CARVALHO, Nuno T. P. Obra citada, p. 29.
(117) "Art. 40. A patente de invenção vigorará pelo prazo de 20 (vinte) anos e a de modelo de utilidade pelo prazo 15 (quinze) anos contados da data de depósito."

6.4. AS INVENÇÕES TRABALHISTAS NÃO ORIUNDAS DE CONTRATO DE EMPREGO E SEUS EFEITOS QUANTO À TITULARIDADE

Segundo Denis Borges Barbosa[118], às relações de trabalho não subordinadas aplicam-se, no que couber, as mesmas disposições da Lei n. 9.279/1996, como, por exemplo, no que se refere às relações havidas entre o trabalhador autônomo ou o estagiário e a empresa contratante e entre empresas contratantes e contratadas. Entende, ainda, o citado autor que o regime se estende, no que couber, às entidades da Administração Pública, direta, indireta e fundacional, federal, estadual ou municipal, como se demonstra, sinteticamente, a seguir.

6.4.1. DO SERVIDOR PÚBLICO INVENTOR

No que diz respeito aos Servidores Púbicos Federais, numa disposição de Direito Administrativo Federal — de nenhuma forma extensível às demais unidades políticas[119] —, a lei determina que, quando o invento se incorpora por inteiro ao órgão público, será assegurada ao inventor, na forma e condições previstas no estatuto ou regimento interno da entidade a que se vincula o servidor, uma premiação de parcela no valor das vantagens auferidas com o pedido ou com a patente, a título de incentivo.

Tal dispositivo se acha regulado pelo Decreto n. 2.553, de 16 de abril de 1998, que preceitua que o servidor da Administração Pública direta, indireta e fundacional que desenvolver invenção, aperfeiçoamento ou modelo de utilidade e desenho industrial terá assegurado, a título de incentivo, durante toda a vigência da patente ou do registro, o direito a uma premiação equivalente a uma parcela do valor das vantagens auferidas pelo órgão ou entidade com a exploração da patente ou do registro.

Tal premiação, entretanto, não poderá exceder a 1/3 (um terço) das vantagens auferidas pelo órgão ou entidade encarregada da exploração do invento, e não será incorporada, em hipótese alguma, aos vencimentos do servidor.

Segundo Diego Martignoni[120], tal disposição abrange os servidores da Administração Publica direta, indireta e fundacional, e ainda não são limitadas às

---

(118) BARBOSA, Denis Borges. *O inventor e o titular da patente de invenção.* Disponível em: <http://denisbarbosa.addr.com/113.rtf> Acesso em: 12.2.2011.
(119) A União é incompetente para preceituar normas de Direito Administrativo, em particular em matéria de pessoal, aos demais entes públicos. Para conferir o mesmo direito a seus servidores, a lei estadual ou local preceituará autonomamente.
(120) MARTIGNONI, Diego. *O regime jurídico das invenções nas relações de trabalho.* Disponível em: <http://mtadvogados.com.br/docs/artigo0003.doc> Acesso em: 13.2.2011.

invenções patenteáveis, podendo ser objeto de tal premiação os aperfeiçoamentos, modelos de utilidade e desenhos industriais.

A premiação concedida terá a mesma duração da proteção conferida ao invento, porém é sabido que a maioria das patentes de invenção não sobrevive aos 20 (vinte) anos de monopólio conferidos pela lei, seja pelo desinteresse na exploração da patente, seja pelo desenvolvimento de novas tecnologias. Assim sendo, parece razoável que tal premiação seja devida enquanto durar a proteção pelo título conferido pelo INPI, independentemente do interesse de exploração ou da adoção de novas tecnologias pela Administração Pública.

6.4.2. Mera participação do empregado (cunho civil)

A Lei n. 9.279/1996 estabelece, ainda, que a participação do empregado-
-autor que não é titular do invento negociada entre as partes não tem caráter trabalhista, o que aliás se reflete na jurisprudência mais recente sobre invenções de empregados. Esse entendimento deve facilitar em muito a concessão de tais participações sem a perspectiva de que passem a integrar o salário. Ademais, a lei deixa clara a relação entre empresas vinculadas por contrato de prestação de serviços que ganham dispositivo específico, bem como a posição do estagiário[121].

6.4.3. Dos estagiários

Não obstante as inovações da Lei n. 9.279/1996 em matéria de criações de empregados e prestadores de serviços, deixou de ser regulada a situação dos inventos produzidos na prática acadêmica das universidades e escolas técnicas. Com a maior divulgação do sistema da propriedade industrial, inclusive nas escolas técnicas e universidades, começam a surgir cada vez mais problemas na proteção das invenções criadas por estudantes, que são simples alunos, não sendo beneficiários de bolsa de estudos ou não estando vinculados à atividade de estágio.

Não há no Código da Propriedade Industrial regra explícita sobre o caso ora suscitado. As normas do art. 88 e seguintes não se aplicam nesse caso, uma vez que, no contrato de ensino, o aluno é o tomador dos serviços prestados pela escola.

No entanto, certas características aproximam os contratos de ensino e de trabalho. Dentre eles, mostra-se particularmente relevante para o raciocínio desenvolvido no presente trabalho, a subordinação hierárquica existente entre professores e alunos, em especial numa escola de nível médio, cujo corpo discente

---

(121) Note-se o tratamento mais abrangente da Lei de Software, em seu art.4º, § 3º, citado anteriormente.

é em sua maioria composto por pessoas menores de idade. No caso, é o tomador do serviço que se subordina, em reversão do que ocorre na relação de emprego.

Assim, mesmo sem haver tutela específica do aluno inventor, há que se proteger sua atividade dentro dos princípios gerais do Direito.

Como tivemos ocasião de escrever anteriormente, parece-nos que a regra geral aplicável à hipótese é o art. 1.269 do Código Civil de 2002, que diz que aquele que "trabalhando em matéria-prima, obtiver espécie nova, desta será proprietário se a matéria era sua, ainda que só em parte (...)"[122].

Ora, tal artigo, embora claramente voltado à criação de bens físicos usando matéria-prima também física, representa o princípio de que a atividade inventiva deve predominar sobre os recursos materiais, ou seja, quem inventa, ainda que usando, em parte, recursos alheios, adquire a propriedade sobre aquilo que criou, ressalvado ao proprietário dos bens utilizados pelo criador o direito à indenização pelo desapossamento.

Como, no caso, os recursos utilizados pelo aluno lhe são postos à disposição como parte do contrato de ensino, não nos parece cabível falar-se em indenização à escola, pelo que o aluno adquire, plenamente, a propriedade de seus inventos.

Pode, porém, a escola alterar o contrato de ensino dentro das regras gerais de direito para fazer com que lhe caiba a meação dos inventos. Contudo, impõem-se ressaltar que, num contrato de adesão, o dever de boa-fé e de equidade se acrescem ao encargo da parte mais forte, o que deve ser levado em consideração quando da análise de eventual cláusula restritiva ao direito do aluno inventor.

---

(122) BRASIL. *Lei n. 10.406, de 10 de janeiro de 2002.* Código Civil. Art. 1.269.

7

As Presunções Legais de Titularidade sobre Produções Inventivas no Contrato de Trabalho como Fator Inibidor do Desenvolvimento

7.1. *As questões trazidas pela lei de inovação: Lei n. 10.973/2004*

A Lei n. 10.973/2004 surgiu no cenário legislativo dispondo acerca dos incentivos à inovação e à pesquisa científica e tecnológica no ambiente produtivo.

Seu principal objetivo seria estimular a participação das instituições científicas e tecnológicas no processo de inovação e a construção de ambientes especializados e cooperativos propícios à inovação.

Nesse contexto, visando estimular o engajamento dos pesquisadores públicos das instituições científicas e tecnológicas em atividades voltadas para a inovação e a cooperação com empresas privadas, a Lei n. 10.973/2004 assegurou a estes pesquisadores uma remuneração adicional pelo trabalho prestado, além de sua participação nos ganhos econômicos derivados das inovações que ajudarem a criar.

Por intermédio desta lei, o pesquisador (servidor, militar ou empregado público) envolvido na prestação dos serviços ali descritos poderá receber uma retribuição pecuniária diretamente das instituições científicas e tecnológicas ou da instituição de apoio com a qual tenha firmado acordo, sempre sob a forma de adicional variável, e desde que custeado exclusivamente com recursos arrecadados no âmbito da atividade contratada, sendo vedada a incorporação do valor desse adicional aos vencimentos, à remuneração ou aos proventos, bem como, evidentemente, sua referência como base de cálculo para qualquer benefício, adicional ou vantagem coletiva ou pessoal.

O pesquisador que participar de atividades de P&D, no âmbito do projeto realizado em parceria com instituições públicas e privadas, poderá, ainda, receber bolsa de estímulo à inovação, paga diretamente pela instituição de apoio ou pela agência de fomento.

Também lhe é assegurada uma participação de no mínimo 5% (cinco por cento) e no máximo 1/3 (um terço) sobre os ganhos econômicos auferidos pelas instituições científicas e tecnológicas, resultantes de contratos de transfe-rência de tecnologia e de licenciamento para outorga de direito de uso de exploração de criação protegida, da qual tenha sido o inventor ou o autor.

Essa participação pode ser partilhada pelas instituições científicas e tecnológicas entre os membros da equipe de P&D tecnológico que tenham contribuído para a criação.

A instituição científica e tecnológica pode, ainda, ceder seus direitos sobre a criação, a título não oneroso, para que o criador os exerça em seu próprio nome e sob sua inteira responsabilidade.

Ainda em relação ao incentivo direto ao pesquisador público, a lei lhe faculta o afastamento de suas atividades, desde que as atividades a serem por ele desenvolvidas na instituição de destino sejam compatíveis com a natureza da função por ele exercida na instituição de origem, assegurando-lhe, durante o período de afastamento, o salário da instituição de origem acrescido das vantagens pecuniárias permanentes estabelecidas em lei, bem como a progressão funcional e os benefícios do plano de seguridade social ao qual estiver vinculado.

Autoriza-se ao pesquisador público, a concessão de licença sem remuneração para constituição de empresa com a finalidade de desenvolver atividade empresarial relativa à inovação, pelo prazo de até três anos consecutivos, renovável por igual período, autorizando-se à instituição da qual se licencia a realização de contratação temporária para substituí-lo.

7.2. Uma análise econômica e social dos aspectos legislativos aplicáveis às invenções laborativas

De acordo com as leis que regulam os tipos de criações que resultam em novo produto, processo ou aperfeiçoamento incremental como mencionado acima, a regra sobre a titularidade se divide em mais de uma hipótese, sendo que especificamente para cada tipo de criação definida pela Lei Federal de Inovação (as criações tecnológicas) [123] tem-se, enquanto há três condições de presunção sobre a titularidade, no tocante ao regime de patentes de invenção, modelos de utilidade, desenho industrial, cultivar; no que se refere à Lei de *Software*[124] e às normas de Topografias[125], essas condições são reduzidas a apenas duas.

Felizmente, há e sempre houve regulamentação especial compatível com a situação em que não é o empregador, mas sim o empregado quem detém o capital-conhecimento para a inovação[126], contudo lastimavelmente verifica-se uma considerável negligência da doutrina trabalhista para esse fenômeno.

---

(123) Cabe, uma vez mais, notar que a Lei Federal de Inovação, ainda que disponha sobre matéria laboral, não se aplica ao âmbito trabalhista.
(124) Lei n. 9.609/1998 — "Art. 4º Salvo estipulação em contrário, pertencerão exclusivamente ao empregador, contratante de serviços ou órgão público, os direitos relativos ao programa de computador, desenvolvido e elaborado durante a vigência de contrato ou de vínculo estatutário, expressamente destinado à pesquisa e desenvolvimento, ou em que a atividade do empregado, contratado de serviço ou servidor seja prevista, ou ainda, que decorra da própria natureza dos encargos concernentes a esses vínculos.
(...)
§ 2º Pertencerão, com exclusividade, ao empregado, contratado de serviço ou servidor os direitos concernentes a programa de computador gerado sem relação com o contrato de trabalho, prestação de serviços ou vínculo estatutário, e sem a utilização de recursos, informações tecnológicas, segredos industriais e de negócios, materiais, instalações ou equipamentos do empregador, da empresa ou entidade com a qual o empregador mantenha contrato de serviços ou órgão público.
§ 3º O tratamento previsto neste artigo será aplicado nos casos em que o programa de computador for desenvolvido por bolsistas, estagiários e assemelhados".
(125) MP n. 352, de 22.1.2007 — "Art. 28. Salvo estipulação em contrário, pertencerão exclusivamente ao empregador, contratante de serviços ou entidade geradora de vínculo estatutário os direitos relativos à topografia de circuito integrado desenvolvida durante a vigência de contrato de trabalho, de prestação de serviços ou de vínculo estatutário, em que a atividade criativa decorra da própria natureza dos encargos concernentes a esses vínculos ou quando houver utilização de recursos, informações tecnológicas, segredos industriais ou de negócios, materiais, instalações ou equipamentos do empregador, contratante de serviços ou entidade geradora do vínculo.
§ 1º Ressalvado ajuste em contrário, a compensação do trabalho ou serviço prestado limitar-se-á à remuneração convencionada.
§ 2º Pertencerão exclusivamente ao empregado, prestador de serviços ou servidor público os direitos relativos à topografia de circuito integrado desenvolvida sem relação com o contrato de trabalho ou de prestação de serviços e sem a utilização de recursos, informações tecnológicas, segredos industriais ou de negócios, materiais, instalações ou equipamentos do empregador, contratante de serviços ou entidade geradora de vínculo estatutário.
§ 3º O disposto neste artigo também se aplica a bolsistas, estagiários e assemelhados."
(126) URIARTE, Oscar Ermida; ALVAREZ, Oscar Hernández *apud* BARROS, Alice Monteiro de. Obra citada, p. 261: "Sucede que, em uma sociedade como a atual, caracterizada pela racionalização do trabalho, com a consequente especialização da mão de obra, o empregador nem sempre possui superioridade ou igualdade de conhecimentos profissionais em relação ao empregado, mesmo porque, cada vez mais, as contratações recaem sobre as pessoas que possuem um grau de conhecimento em determinada profissão (*know-how*) do qual o empregador não é detentor. Nasce daí o que se chama de 'subordinação técnica invertida', frequentemente presente nas relações de trabalho intelectual."

Desde a redação inicial da Consolidação, o seu art. 454[127] já inaugurava uma exceção sobre o regime de apropriação do fruto da produção, tendo, sem nenhuma sombra de dúvida, o regime do trabalhador inovador sido concebido, desde o início, como uma excepcionalidade ao regime celetista geral.

O cerne da questão encontra-se na natureza econômica do contrato de trabalho: a apropriação, pelo empregador, dos resultados do emprego da força de trabalho do empregado.

O empregador, frequentemente, é apenas condômino na apropriação, e pode mesmo ser dela inteiramente expropriado[128]. Não obstante tais singularidades, ainda assim o regime protetivo geral é aplicado indistintamente a essa categoria de trabalhador (inventor), sendo ele um agente econômico codentor de capital, na medida em que detém um capital infungível, qual seja, a invenção.

Como bem remonta João da Gama Cerqueira:

> "O Código reproduz nessa disposição o art. 454 da Consolidação das Leis do Trabalho, que pretendeu resolver, num simples artigo, a complexa questão das invenções de empregados.
>
> Quando foi publicado o projeto da Consolidação, a Federação das Indústrias de São Paulo propôs que essa matéria fosse excluída daquele projeto para ser regulada, como convinha, no Cód. da Propriedade Industrial, que estava sendo elaborado na mesma ocasião. A sugestão não foi aceita, sendo mantida a disposição do projeto. A Comissão do Cód. da Propriedade Industrial, por sua vez, aceitando o que a Consolidação dispunha, limitou-se a introduzir disposições complementares, sem procurar corrigir os evidentes defeitos daquela disposição. A matéria parece não ter merecido, nem dos autores da Consolidação, nem da Comissão do Código, o estudo cuidadoso que a sua importância e complexidade exigiam."[129]

A complexidade da questão reside, principalmente, no fato de que a regra da titularidade sobre a produção de caráter inovador não é uniforme, mas polimorfa, variando de acordo com o tipo da criação.

---

(127) Artigo vigente por 27 anos e revogado somente com o advento da Lei n. 5.772/1971, posteriormente revogada pela atual Lei n. 9.279/1996, que dispõe sobre a Propriedade Industrial.
(128) No caso da invenção mista sob a Lei n. 9.279/1996, art. 91, § 2º — a realizada por quem não foi contratado para inovar — se o empregador queda inerte após a concessão da patente, a propriedade passa inteiramente para o empregado não, obstante os investimentos realizados pela empresa.
(129) CERQUEIRA, João da Gama. Obra citada, p. 37-38.

Além disso, citando mais uma vez Gama Cerqueira[130], quando se trata da copropriedade, há dúvidas e grande possibilidade de litígios, porque a lei não diz se sua aplicação é somente no caso de o empregador fornecer, intencionalmente, suas instalações para a realização de invenções explícitas em contrato, ou se também alcançaria os casos em que o empregado se vale de sua situação no emprego para utilizá-las e, a partir daí, realizar invenções por conta própria.

Ademais, é possível que, numa relação de trabalho, o contrato não preveja especificamente quais invenções devam ser criadas; daí a regra de apropriação é a de que, salvo determinação prévia do trabalho como sendo inovador, a propriedade seja compartilhada.

Pelo que se pode observar, a apropriação do fruto do trabalho diverge da que se estabelece pela regra geral da relação com outros empregados, que não se apropriam de seus frutos, e que, por esta razão, são tratados como hipossuficientes, justificando, assim, que sejam destinatários das normas protetoras que constituem o Direito do Trabalho.

Desse modo, verifica-se a aparente tensão entre o regime geral laboral instituído pelo art. 7º da Constituição da República e o estatuto extraordinário criado pelos dispositivos constitucionais relativos à ciência e tecnologia.

Como já mencionado, o art. 218, § 3º, dispõe sobre os trabalhadores que se ocupam das áreas de ciência, pesquisa e tecnologia. A seu turno, a Lei n. 10.973/2004 justificou a excepcionalidade do regime laboral do servidor, empregado público e militar criador. No entanto, ainda que para a iniciativa privada haja a mesma congruência, a exceção inaugurada pelo art. 454 da CLT — e transferida pelas leis que regem os direitos de propriedade industrial e intelectual — não equilibra a relação, na medida em que as normas protetoras que constituem o Direito do Trabalho são estendidas a essa categoria, a despeito de não ser ela, ao contrário do que geralmente ocorre no regime geral, a parte hipossuficiente da relação.

O contrato de trabalho para invenções de serviço, ainda que não dê copropriedade ao empregado, abre ao empregador a opção de se excluir completamente do regime protetivo geral. Caso entenda que o salário, ainda que alto, não seja suficiente para induzir ao investimento pelo trabalhador — o investimento de seu capital intelectual infungível e raro —, o patrão poderá conceder uma remuneração participativa nos ganhos econômicos advindos da exploração da patente e, conforme enfatiza a lei, esse pagamento não terá a natureza trabalhista.

---

(130) Porque houve a contribuição pessoal do empregado ao realizar a invenção, mas com a utilização das instalações do empregador.

Assim como no caso das invenções mistas, aqui a lei prevê uma relação de cunho civil de copropriedade dos frutos da força trabalho. No caso das invenções de serviço, a lei tolera uma relação parassocietária de participação nos resultados.

Nos dizeres de Elaine Ribeiro do Prado:

"Evidencia-se aqui também uma relação entre as partes que vai além da trabalhista: na invenção de serviço, o que se criou durante a instância do contrato de trabalho é apropriado pelo empregador, assim caracterizando-se uma relação empregatícia que justifica o alcance de normas protetoras ao empregado. Aqui, quando tais incentivos são suficientes para induzir a inovação, são razoáveis as normas gerais protetivas, por exemplo, sobre a jornada de trabalho, atribuições, exclusividade de dedicação, atos de improbidade.

Mas se há disparidade de valor entre o capital intelectual do trabalhador e o capital financeiro ou organizacional do empregador — e consciência dessa disparidade, o que não é infrequente —, o que se remunera adicionalmente não vai se incorporar ao salário, numa relação não protetiva que justificou, desde sempre, a regulamentação especial em face dessa peculiaridade.

Em relação ao contrato em que desde início não seja possível distinguir o que seja o capital do empregado, e que, demonstrando tal capital, ele venha deter a copropriedade do fruto do trabalho, evidencia-se a importância resultante de uma criação eventual, inesperada, não prevista no contrato de trabalho, mas de grande relevância para a empresa. Mais uma vez, a demonstração da existência de que o trabalhador é detentor de capital é suficiente para criar uma relação civil entre as partes, afastando a trabalhista, já que o empregado passa a ter propriedade conjunta sobre a sua produção e não somente uma remuneração participativa como no modelo anterior."[131]

Note que o legislador consagrou o entendimento liberal de que a apropriação dos frutos da produção inventiva laboral por parte do titular do capital é condição imprescindível ao funcionamento do sistema produtivo num regime capitalista.

Desta feita, vários aspectos práticos e constitucionais têm de ser considerados, como a liberdade de trabalho, a proteção do trabalhador, o regime da livre-iniciativa e a proteção do investimento, todos "elementos do jogo", tal qual o são a necessidade de incentivo à criação tecnológica e a dosagem do *preço* dessa criação, por natureza

---

(131) PRADO, Elaine Ribeiro do. Obra citada.

distinta da prestação laboral fungível e indiscriminada para a qual se reserva o pagamento do salário. O excesso em qualquer desses elementos da equação pode fazer da lei um texto inoperante na vida econômica, ou, pior, um texto inconstitucional. É por este motivo que as legislações distinguem a criação contratada, ou mais precisamente, a prestação laboral (subordinada ou não, individual ou coletiva) voltada *à criação tecnológica*, em que a racionalidade econômica do capitalismo indica como regime geral o da apropriação total, remunerada por salário; daquelas derivadas da atuação de empregados não contratados especificamente para a criação. Bônus, participações e incentivos podem resultar de um regime contratual, mas o regime *legal* é o da apropriação integral.

Vale considerar, nesse sentido, as palavras Denis Borges Barbosa:

> "No caso do trabalhador cuja prestação não é voltada para a criação, o salário não cobre esse fruto incidental e excepcional da sua atividade; entre as opções lógicas que se apresentariam ao legislador se teriam: a) apropriação indiscriminada de todos frutos, normais ou excepcionais, com possível desestímulo à revelação e provável inconstitucionalidade; b) reconhecimento de que o fruto excepcional da prática laboral seria completamente do inventor, deixando de lado assim o aporte dos meios materiais, contexto e oportunidades resultantes do capital do investidor; c) estabelecimento de um consortium legal, que pode resultar um condomínio dos resultados."[132]

O equilíbrio de interesses, sob o manto constitucional, tem de levar em conta a eventual desigualdade das partes, sem olvidar a importância crucial do uso e apropriação da tecnologia, não só para o capital, mas também para a sociedade, pelo que a lei deve criar protocolos mútuos de proteção.

Se, em havendo disposições prevendo alguma espécie de pagamento aos trabalhadores por seus inventos, já existem dificuldades operacionais sensíveis, a questão torna-se ainda mais conturbada diante das presunções legais de titularidade sobre produções inventivas decorrentes de um contrato de trabalho. O regime relativo às invenções dos empregados é aplicável a todos os inventos por eles criados durante a vigência de sua relação trabalhista ou da duração dos serviços prestados ao empregador.

Algumas legislações, com a finalidade de inibir vínculos entre um ex-trabalhador e a empresa, previram disposições facultando ao empresário, sob certos requisitos, o direito de reclamar inventos para além da vigência da relação de trabalho, presumindo que estes lhe pertencem.

---

(132) BARBOSA, Denis Borges. *O inventor e o titular da patente de invenção*. Disponível em: <http://denisbarbosa.addr.com/113.rtf> Acesso em: 12.2.2011.

Entre tais legislações, encontra-se a lei brasileira, em cujo art. 88.2 é determinado que:

> "salvo prova em contrário, se consideram realizadas durante a vigência do contrato a invenção ou o modelo de utilidade para os quais o empregado solicitou uma patente durante o ano seguinte à extinção de seu contrato."[133]

Com esta norma, pretendeu-se evitar a fraude aos direitos e interesses do empresário, supondo que o trabalhador-inventor esperasse a ruptura contratual para, depois, patentear, por si só, uma invenção nascida durante a vigência daquele contrato de trabalho.

Certamente, o intuito do legislador foi o de estimular o empregador a investir em pesquisas, tornando o proprietário e único explorador do invento e dos resultados econômicos decorrentes dos achados e das criações feitas pelo trabalhador, desde que o tenha contratado especificamente para isto.

Os termos em que aparece formulado o citado preceito permitem deduzir a existência de uma presunção, com caráter *iuris tantum*, de que os inventos pertencem ao empresário durante o prazo assinalado no preceito, ou seja, um ano após o término do contrato.

O regime contido na lei brasileira sobre as invenções livres é similar ao previsto em outros ordenamentos internacionais, como o espanhol, o francês e o inglês, onde também não se reconhecem ao empresário direitos sobre tais invenções.

Os legisladores italianos e portugueses, ao menos, restringiram o alcance da presunção, ao limitar seu âmbito de aplicação às invenções que entram no campo da atividade da empresa, ou seja, tal presunção apenas será aplicável se a patente for sobre um invento cujo incentivo, durante a vigência do contrato, era de seu pleno interesse. Contudo, tanto na Lei de Patentes espanhola, como na LPI brasileira, não se estabelece qualquer limitação em torno da natureza das invenções que, eventualmente, podem ser reclamadas, de forma que a presunção, formulada de modo mais amplo, torna-se, por conseguinte, mais perigosa.

Em que pese não ter o legislador feito expressa exclusão dessa hipótese, não parece razoável que a presunção de titularidade para patentes requeridas em período pós-contrato seja aplicável para as chamadas invenções livres, limitando-se, pois, apenas àqueles inventos sobre os quais o empresário tenha direitos legalmente reconhecidos, como é o caso das invenções contratuais ou mistas.

---

(133) BRASIL. *Lei n. 9.279, de 14 de maio de 1996.* Regula direitos e obrigações relativos à propriedade industrial. Art. 88, II.

Tendo em vista que ao tratar das "invenções livres" o legislador dispôs, no art. 90 da LPI, que estas "pertencem exclusivamente ao trabalhador", a aplicação de condicionantes não previstas pelo legislador poderia ocasionar uma ruptura legal, gerando interpretação *contra legem*.

Em qualquer caso, a norma em questão originou — e origina — conflitos e dúvidas de interpretação por parte da doutrina dos países em cujas legislações se reconhece uma possível inconstitucionalidade.

Analisando a presunção em comento, pode-se constatar que a finalidade que a lei buscava perseguir, qual seja, a de evitar uma concorrência desleal, poderia ter sido facilmente atingida por meio de cláusulas contratuais de não concorrência, de acordo com os limites já assinalados na legislação anticoncorrencial.

Um indivíduo somente se sente motivado a "criar" quando se encontra inserido em um ambiente onde dispõe de toda a infraestrutura necessária para o aperfeiçoamento e o desenvolvimento de sua ideia. Entretanto, pode muitas vezes acontecer que o agente sofra um "bloqueio criativo" justamente pelo fato de não obter a devida remuneração ao desenvolvimento do seu poder criativo.

Vale considerar que a legislação atual admitiu ao empregador, titular da patente relativa ao invento promovido pelo empregado, a possibilidade de conceder--lhe uma participação nos ganhos econômicos resultantes da exploração de seu invento "mediante negociação com o interessado ou conforme disposto em norma da empresa". Entendeu o legislador que esta compensação seria suficiente para estimular o empregado e compensar-lhe da supressão legal do direito à meação dos resultados econômicos do invento.

Situação polêmica e controvertida surge quando o trabalhador, não contratado para fins inventivos, cria um produto ou solução inovadora aos negócios empresariais e seu empregador faz uso de sua criação com redução de tempo e custo, auferindo, portanto, vantagens econômicas.

Por ser uma economia de mercado, é fundamental que o Brasil invista em inovações, a fim de aumentar a sua produtividade e competitividade, tal como fizeram os EUA na maior parte do século XX com suas novas tecnologias, como o *laser*, e com empresas como IBM, Xerox e Microsoft. Conjuntamente com o investimento em inovações, deve haver uma forma de proteção à criação.

O que se procura justificar é a importância do direito de propriedade intelectual de forma efetiva a assegurar a difusão do conhecimento e possibilitar, além de garantias ao criador, a transferência de tecnologias, elemento fundamental ao desenvolvimento[134].

---

(134) BARRAL, Welber; PIMENTEL, Luiz Otávio (org.). Obra citada, p. 25.

A Lei da Inovação Tecnológica — Lei n. 10.973/2004 — já reflete um novo conceito adotado pelo Brasil, que é o de "servir de estímulo aos pesquisadores; — estimular o investimento em empresas inovadoras"[135]. E dentre esses incentivos estão os mecanismos que permitem a participação do pesquisador nos ganhos econômicos decorrentes da exploração dos resultados de sua atividade criativa; a possibilidade de afastamento de pesquisadores para constituir empresas inovadoras; a subvenção econômica e as parcerias público-privadas; entre outras.

O Sistema Jurídico, por sua vez, não pode ser um empecilho a esse estímulo. Muito ao revés, deve fornecer as garantias necessárias aos investimentos, tanto intelectuais quanto financeiros, atuando na interpretação de contratos, na atribuição de titularidade, na estipulação de indenizações, bem como na solução dos conflitos surgidos entre o empregado-criador e a empresa, por exemplo[136].

Dessa forma, o sistema jurídico deve ter como norte o desenvolvimento nacional como um todo, sendo a propriedade intelectual um bem a ser tutelado, tanto no que concerne aos direitos do criador, como no que se refere aos direitos da empresa que investiu no desenvolvimento de um projeto, cumprindo, assim, com sua função social.

O art. 5º da Carta de 1988 é enfático ao estabelecer como garantias e direitos fundamentais o direito à propriedade e à expressão da atividade intelectual e científica, assegurando aos autores a exclusividade de utilização, bem como a proteção e o privilégio temporário para fazê-lo, levando em conta o interesse social e o desenvolvimento tecnológico e econômico do País[137]. Aliás, o texto é explícito ao afirmar, também, que toda propriedade atenderá a sua função social[138].

Num primeiro momento, há uma troca do Estado com o particular, em que em contrapartida a uma proteção legal, o criador tem o privilégio temporário para que, decorrido o tempo de proteção legal, a invenção passe ao domínio público.

E essa "colcha de retalhos" deve estar perfeitamente integrada dentro do nosso sistema jurídico, não só no que diz respeito à Constituição da República, mas também no enredo de todas as leis aplicáveis à matéria, pois, por mais que se utilizem os critérios hierárquico e de especialização para isolá-las das normas gerais, não se pode esquecer que existe o critério da obrigatoriedade conferido às normas que defendem o interesse público.

---

(135) BARBOSA, Denis Borges (org.); BARBOSA, Ana Beatriz Nunes; MACHADO, Ana Paula. Obra citada, p. 3.
(136) BARRAL, Welber; PIMENTEL, Luiz Otávio (org.). Obra citada, p. 32.
(137) BRASIL. *Constituição (1988)*. Constituição da República Federativa do Brasil. Art. 5º, X; XXII; XXVII; XXIX.
(138) *Idem*. Art. 5º, XXIII.

Inegável que é do interesse público o desenvolvimento nacional, constituindo, inclusive, um dos objetivos fundamentais da República Federativa do Brasil, conforme a redação do inciso II do art. 3º da Carta Magna. Igualmente inegável que o desenvolvimento nacional compreende o desenvolvimento econômico. E é da conjugação desses fatores que deriva a norma inserida no art. 218 do texto constitucional, segundo a qual o "Estado promoverá e incentivará o desenvolvimento científico, a pesquisa e a capacitação tecnológicas"[139].

É no § 4º do referido artigo que vai se encontrar o balizamento para as legislações que tratam da matéria. Sem dúvida foi intenção do legislador constitucional promover um estímulo para que as empresas investissem na criação e no desenvolvimento de tecnologias no Brasil, bem como promovessem o aperfeiçoamento dos recursos humanos. Ficou clara, também, no mesmo parágrafo, a intenção do legislador constitucional de conjugar os incentivos às empresas com os interesses sociais, garantindo um sistema de remuneração que assegure ao empregado a participação nos ganhos econômicos resultantes da produtividade em seu trabalho.

Esse pensamento, contudo, não se refletiu na edição da Lei n. 9.279, de 1996, que em seu capítulo XIV trata da invenção e do modelo de utilidade realizado por empregado ou prestador de serviço. Em seu art. 88, o texto legal estabelece que "a invenção e o modelo de utilidade pertencem exclusivamente ao empregador quando decorrem de contrato de trabalho cuja execução ocorra no Brasil"[140] e salvo estipulação contratual em contrário a retribuição pelo trabalho limita-se ao salário ajustado. E, ainda, "salvo prova em contrário, consideram-se desenvolvidos na vigência do contrato a invenção ou modelo de utilidade, cuja patente seja requerida pelo empregado até um ano após a extinção do vínculo empregatício"[141]. A concessão de participação, portanto, limitou-se a mera faculdade[142].

A referida lei regula até mesmo casos desnecessários como o de pertencer exclusivamente ao empregado a invenção ou o modelo de utilidade por ele desenvolvido, desvinculado do contrato de trabalho e não decorrente da utilização dos recursos ou qualquer outro elemento do empregador.

Diz a lei em seu art. 91 que a "propriedade de invenção ou de modelo de utilidade será comum, em partes iguais, quando resultar da contribuição pessoal do empregado e de recursos [...] do empregador, ressalvada expressa disposição

---

(139) BRASIL. *Constituição (1988)*. Constituição da República Federativa do Brasil. Art. 218.
(140) BRASIL. *Lei n. 9.279, de 14 de maio de 1996.* Regula direitos e obrigações relativos à propriedade industrial. Art. 88.
(141) *Idem*.
(142) A interpretação utilizada aqui foi a literal, e por mera faculdade se entende a inclusão da palavra "poderá" no art. 89 da Lei n. 9.279, de 1996.

contratual em contrário", sendo garantido ao empregador o direito exclusivo de licença de exploração e assegurada ao empregado a justa remuneração.

Chama a atenção, também, a redação do § 5º do Decreto n. 2.553, de 1998, a qual afirma que na "celebração de instrumentos contratuais de que trata o art. 92 da Lei n 9.279, de 1996, serão estipuladas a titularidade das criações intelectuais e a participação dos criadores"[143]. A redação é vaga porque o art. 92 faz menção aos artigos anteriores pertencentes ao mesmo capítulo, dando a ideia de que ao regulamentar a Lei se procurou fixar a obrigatoriedade da estipulação da titularidade das criações intelectuais e participação nos lucros, sendo, portanto, o preceito cogente, devendo ser obedecido sob pena de nulidade do negócio jurídico.

E assim deveria ser porque, conforme visto, esse pensamento vai ao encontro do interesse público.

Outra lei anterior ao referido Decreto é a Lei de Cultivares, Lei n. 9.456, de 1997, na qual a linha de pensamento era a mesma da Lei n. 9.279, de 1996, tendo em vista que segundo a redação o empregador ou tomador tem a exclusividade dos direitos sobre as novas cultivares, bem como cultivares essencialmente derivadas que forem desenvolvidas pelo empregado ou prestador de serviços. Houve ainda uma ampliação no prazo de presunção da obtenção durante o contrato de trabalho que neste caso é de 36 (trinta e seis) meses.

Na mesma linha agiu o legislador ao editar a Lei de Programa de computador, Lei n. 9.609 de 1998, a qual em seu art. 4º afirma que pertencerão exclusivamente ao empregador, contratante de serviços ou órgão público, os direitos relativos a programa de computador desenvolvido durante a vigência do contrato ou vínculo estatutário. Pode-se dizer que houve uma pequena evolução no art. 5º no que diz respeito à derivação, pelo titular pertencer à pessoa autorizada que as fizer.

Porém, novamente a Lei não contempla os princípios constitucionais que recomendam uma participação nos ganhos econômicos, tendo em vista que não estabelece, de forma clara, como será estipulado o valor da "justa remuneração".

Verifica-se no Decreto n. 2.553, de 1998, que regulamenta os arts. 75 e 88 a 93 da Lei n. 9.279, de 14 de maio de 1996, a intenção de suprir tal omissão, uma vez que este garante aos servidores da Administração Pública, direta ou indireta, que desenvolverem criação (invenção), o direito a uma premiação que não poderá exceder 1/3 (um terço) do valor das vantagens auferidas pelo órgão ou entidade com a exploração da patente ou do registro. A referida vantagem, obviamente, não será, em hipótese alguma, incorporada aos salários dos empregados ou vencimentos dos servidores.

---

(143) BRASIL. *Lei n. 9.279, de 14 de maio de 1996*. Regula direitos e obrigações relativos à propriedade industrial. Art. 92.

Nesse sentido, a Lei n. 10.973 de 2004, denominada Lei da Inovação Tecnológica, representa um grande avanço pelo fato de que assegura ao criador uma participação mínima de 5% (cinco por cento) e máxima de 1/3 (um terço) sobre os ganhos econômicos auferidos pela ICT, resultantes de contratos de transferência de tecnologia e de licenciamento para outorga de direito de uso ou de exploração de criação protegida da qual tenha sido o inventor, obtentor ou autor, aplicando-se, no que couber, o disposto no parágrafo único do art. 93 da Lei n. 9.279, de 1996. (art. 13)

O legislador fez, de forma explícita, o que o Decreto n. 2.553, de 1998, pretendeu fazer, ou seja, garantir a aplicação dos preceitos constitucionais, bem como agir de acordo com o interesse público, fixando pela primeira vez um percentual mínimo para o criador e possibilitando a ampliação de tal benefício a outras leis existentes, por meio do emprego dos critérios de integração de normas do sistema jurídico.

Para que haja uma efetiva política de P&D, Inovação e Proteção de Tecnologia deve haver uma atuação conjunta de universidades, empresas, instituições de fomento e centros de pesquisa em prol da eficácia, recuperação de investimentos e, principalmente, segurança jurídica nas atividades de P&D, seja nas relações entre empresas e instituições de fomento à pesquisa, seja nas relações entre empresas e trabalhadores.

O ponto crucial desta política passa necessariamente pela valorização do conhecimento humano gerado pelo pessoal dos centros de pesquisas e dos setores de inovação e tecnologia das empresas. Estimular a atuação e criação desses pesquisadores através da garantia de participação destes nos resultados econômicos que emergirem de seus inventos e inovações é a melhor forma de se prestar real reconhecimento aos conhecimentos científicos, técnicos e tecnológicos oriundos de suas atividades inventivas e investigativas.

Deve-se estimular a criatividade com a concessão de incentivo financeiro de risco, por meio de premiação e/ou ganhos percentuais permanentes, enquanto a exploração econômica de seus inventos operar efeitos.

Além dos incentivos financeiros, a autoria deve ser conferida ao seu inventor. A formação de uma cultura de P&D voltada para o bem-estar social e econômico de uma nação deve promover uma efetiva proteção das inovações por meio de direitos de propriedade intelectual.

Alcançar uma maior cooperação e acordo nas relações contratuais não pode, nem deve, ser uma utopia, principalmente no que se refere à titularidade da propriedade industrial. É obrigação legal de gestores e empresários priorizar os direitos de propriedade, honrando a titularidade dos inventos a quem de direito, permitindo sem apelos legislativos a titularidade conjunta de forma íntegra e verdadeira.

7.3. AS PRESUNÇÕES DE TITULARIDADE LEGAIS E SEUS REFLEXOS NA JURISPRUDÊNCIA

Lamentavelmente, a jurisprudência trabalhista não oferece muitas manifestações acerca da controvérsia existente entre trabalhadores e empresários quanto à titularidade de invenções oriundas de contrato de trabalho, segundo as presunções de titularidade sobre inventos trazidos pela Lei n. 9.279/1996, mas podemos destacar alguns arrestos relevantes que servem a exemplificar a amplitude do tema, sobretudo no que se refere à titularidade e aos direitos econômicos.

Um dos litígios judiciais mais conhecidos sobre Propriedade Industrial discutidos nos Tribunais Trabalhistas nacionais foi promovido por Nélio José Nicolai, inventor do *Bina*, aparelho de identificação de chamadas telefônicas, amplamente utilizado, e que atualmente encontra-se incorporado como sistema funcional da grande maioria dos telefones.

Numa acirrada disputa judicial, o referido inventor busca o reconhecimento de sua invenção, criada em 1982, e, desde então, fabricada por centenas de empresas em todo o mundo sem que ele ou o Brasil recebessem um centavo sequer a título de *royalties* pela invenção.

Nicolai, como dito, inventou o *Bina* em 1982, enquanto trabalhador da Telebrasília, tendo sido, no mesmo ano, eleito operário-padrão da empresa, fato este que se repetiu no ano seguinte.

Em 1984, foi demitido, segundo ele, por sua dedicação ao desenvolvimento de um produto que seria considerado pela empresa como sendo "sem apelo comercial".

Em ação movida contra a Americel, atual Claro, pela utilização do sistema de identificação de chamadas em seus telefones celulares, Nicolai requereu o reconhecimento de sua autoria e a consequente indenização decorrente do uso de seu invento, tendo os pedidos sido julgados procedentes. A ação, contudo, ainda se encontra em curso.

Nélio José Nicolai tem patenteadas dezenas de outras invenções, entre as quais se encontram o identificador de chamadas de telefones celulares; o sistema de "salto" telefônico (popularmente conhecido como "chamada em espera"), que permite intercalar ligações numa mesma linha; e o recém-divulgado "serviço de justificativa eletrônica de voto", por meio do qual os eleitores poderão comunicar e justificar sua ausência às eleições por intermédio de mera comunicação telefônica.

Em outro caso ocorrido no fim da década de 1980, o Tribunal Superior do Trabalho, ao julgar o processo n. AIRR n. 433/1986[144], negou provimento ao recurso interposto pela Cia. Vale do Rio Doce, confirmando a decisão de segunda instância, e, portanto, mantendo a condenação da empresa a pagar, ao trabalhador inventor, montante equivalente à metade do proveito econômico que auferiu em razão da utilização do invento de sua autoria.

Segundo a Cia. Vale, invenção, aperfeiçoamento e pesquisa seriam atividades do trabalhador, descabendo qualquer indenização, além do salário ajustado. No entanto, foi verificado que inexistia qualquer menção expressa sobre essas atribuições no contrato de trabalho firmado entre as partes, tendo sido apurado que o invento decorreu de contribuição pessoal do empregado com a utilização e recursos da empresa.

Segundo constou dos autos, o trabalhador aperfeiçoou peças de vagões da empresa, resultando em expressiva redução de gastos com reposição de material importado.

O Relator, Ministro Milton de Moura França, entendeu que a Lei da Propriedade Industrial teria sido inteiramente aplicada na decisão recorrida, ratificando-a.

Trazemos também para análise Acórdão proferido pela 8ª Turma do Tribunal Regional do Trabalho da 1ª Região (Recurso Ordinário n. 01360-2006-047-01-00-0):

"EMENTA: 'Elaborar projetos' em hipótese alguma se confunde com inventar.

'Elaborar projetos' significa traçar planos para a execução de uma determinada atividade que se conhece.

'Inventar' significa criar algo novo, inédito.

Mesmo sob a vigência da Lei n. 5.772/1971, seria possível reconhecer ao reclamante o direito de que ele se afirma titular, com fulcro em seu art. 42, *caput* (de conteúdo semelhante ao art. 91 da Lei n. 9.279/1996).

A 'invenção' do 'método de instalação de tubulação em águas profundas' de que participou o reclamante resultaria, em partes presumivelmente iguais, de sua

---

(144) Extraído do *site*: <www.conjur.com.br/static/text/23427,1>.

contribuição pessoal, e dos 'recursos dados, meios, materiais, instalações ou equipamentos' que lhe eram fornecidos pela reclamada.

Por isso, seria 'garantido ao empregador o direito exclusivo de licença de exploração' daquela 'invenção', assegurando-se ao empregado a justa remuneração'.

Essa 'justa remuneração' não corresponderia ao 'salário ajustado' (art. 88, § 1º), pois, como se viu, a 'atividade inventiva' não constituiria objeto do contrato de trabalho celebrado entre o reclamante e a reclamada.[145]

No caso, o trabalhador alegava ter sido o principal inventor de um método de instalação de tubulação em águas profundas, que teria sido imediatamente utilizado pela Petrobras junto a terceiros, visando ao desenvolvimento de campos petrolíferos no Brasil com significativa redução de custos. Por conta disso, pretendia que a empresa fosse condenada a lhe pagar um percentual de todo e qualquer benefício auferido ou que venha a ser auferido em razão da utilização da sua invenção, e também uma paga anual pelas utilizações e/ou direito de utilizações futuras da invenção, seja no Brasil ou no exterior.

Apoiava-se o trabalhador no que dispõe o art. 91, *caput*, da Lei n. 9.279/1996 ('a propriedade de invenção ou de modelo de utilidade será comum, em partes iguais, quando resultar da contribuição pessoal do empregado e de recursos, dados, meios, materiais, instalações ou equipamentos do empregador, ressalvada expressa disposição contratual em contrário'), sustentando que nestas situações 'é garantido ao empregador o direito exclusivo de licença de exploração e assegurada ao empregado a justa remuneração' (art. 91, § 2º, da Lei *n. 9.279/1996*).

A empresa reconheceu que o trabalhador-demandante seria um dos três inventores do método alegado como sendo o invento. E que tal criação decorreu de atividade plenamente vinculada ao contrato de trabalho, propiciada pela utilização de recursos, meios, dados, materiais, instalações ou equipamentos de empregador, aduzindo que, sem os quais, a invenção não seria concebida. Desse modo, aplicar-se-ia o comando inscrito no art. 88, caput, da Lei n. 9.279/1996 ('a invenção e o modelo de utilidade pertencem exclusivamente ao empregador quando decorrerem de contrato de trabalho cuja execução ocorra no Brasil e que tenha por objeto a pesquisa ou a atividade inventiva, ou resulte esta da natureza dos serviços para os quais foi o empregado contratado'). Assim, pela empresa, 'a retribuição pelo trabalho' realizado pelo reclamante limitar-se-ia ao salário ajustado (art. 88, § 1º), nada mais sendo devido ao trabalhador.

---

(145) Acórdão da 8ª Turma Recursal do Tribunal Regional do Trabalho da 1ª Região. 8ª Turma. Publicado na *Revista do TRT/EMATRA* — 1ª Região, Rio de Janeiro, v. 19, n. 45, p. 197, jan./dez. 2008. (Recurso Ordinário n. 01360-2006-047-01-00-0)

A R. sentença de primeiro grau teria julgado procedente em parte o pedido formulado pelo Autor, para condenar a empresa ao pagamento, em favor do obreiro, de 1/3 (um terço) de 50% (cinquenta por cento) dos benefícios econômicos auferidos pela utilização do invento, a serem apurados em liquidação.

Em sede de apelo ordinário, o Tribunal Regional do Trabalho, por meio de Juiz Relator Roque Lucarelli, manteve a sentença neste aspecto, tendo verificado que o trabalhador foi admitido no cargo de engenheiro de equipamentos estagiário' 'sem qualquer atribuição inventiva', embora lotado no Centro de Pesquisa e Desenvolvimento, eis que não se inferiu do contrato de trabalho celebrado entre as partes, que o trabalhador se dedicaria à 'pesquisa ou à atividade inventiva'.

No exemplo de aresto acima transcrito, o Tribunal entendeu que elaboração de projetos não correspondia a invenção, a ponto de merecer proteção inventiva de forma exclusiva. Com apoio na prova pericial produzida nos autos, que a invenção do 'método de instalação de tubulação em águas profundas' de que participou o trabalhador resultou de partes presumivelmente iguais, de sua contribuição pessoal, e dos recursos fornecidos pela empresa, a hipótese enquadrava-se no conceito das invenções mistas, o que segundo o art. 91, § 2º, da Lei n. 9.279/1996, asseguraria ao empregado, apenas uma 'justa remuneração' paga pelo empregador pela licença exclusiva da exploração da patente.

Já que a 'atividade inventiva' não constituía objeto do contrato de trabalho celebrado, a justa remuneração não poderia corresponder ao 'salário ajustado' (art. 88, § 1º), mas sim calculada sobre a redução de custos obtida pela reclamada, com o uso da invenção a qual participou o reclamante."

Neste mesmo ano, a Primeira Turma do Tribunal Superior do Trabalho confirmou no Recurso de Revista n. 749341/2001.5, por unanimidade, o direito de um ferroviário a ser indenizado pela autoria de inventos utilizados nas atividades da empresa, embora fosse comum a propriedade e exclusiva a exploração do invento pelo empregador[146].

Entendeu a Turma Recursal que "a lei assegurou ao empregado o direito a uma justa remuneração resultante de sua contribuição pessoal e engenhosidade", afirmou o ministro João Oreste Dalazen, Ministro Relator da questão, examinada em recurso de revista negado à Rede Ferroviária Federal e Ferrovia Centro Atlântica (concessionária). "Pouco importa que o invento haja sido propiciado, mediante recursos, meios, dados e materiais, nas instalações da empresa", acrescentou o relator, ao manter decisão do Tribunal Regional do Trabalho da 3ª Região (Minas Gerais), favorável ao trabalhador, que inventou ferramentas a partir de material de sucata da própria empregadora.

---

(146) Extraído do site Direito Net: <http://www.direitonet.com.br/noticias/x/93/49/9349/p.shtml>.

Após treze anos de serviços prestados à Rede Ferroviária, foi dispensado sem justa causa pela empresa sucessora, Centro Atlântica — que continuou a utilizar os inventos. O ferroviário ingressou na Justiça do Trabalho de Divinópolis (MG) reivindicando, dentre outras verbas, indenização diante da ausência de qualquer contrapartida pelo uso das invenções, copiadas e usadas pela empregadora sem o pagamento de *royalties*.

A 2ª Vara do Trabalho de Divinópolis determinou a realização de perícia, em que foi confirmada a invenção de dispositivo para remoção e montagem de peça de locomotivas, ferramenta para sacar e montar intercambiador de calor de locomotivas e peça de sustentação de acoplamento de locomotivas. O laudo técnico apontou ainda que as inovações resultaram em redução da mão de obra, do tempo gasto nas tarefas, do custo operacional e ainda trouxeram maior segurança ao ambiente de trabalho.

A constatação levou à concessão da indenização judicial fixada em valor equivalente a quantia de meia remuneração do ferroviário multiplicada pelo número de anos da relação de trabalho, a partir do anos de criação das invenções, para cada um dos três inventos.

Em seu minucioso voto, o ministro Dalazen distinguiu as três formas de invenções que envolvem o trabalho do empregado: invenção de serviço, invenção livre e invenção de empresa.

A ausência de patentes para as invenções também não pode impedir o ressarcimento do trabalhador. "O trabalhador não foi contratado para o exercício de atividade inventiva, mas apenas e tão somente desenvolveu projeto para suprir as necessidades diárias que o serviço reclamava, não tendo visado ao mercado nem à obtenção de lucro", observou o ministro Dalazen.

Assim, tendo verificado pelo bojo probatório existente nos autos que as empresas obtiveram lucro com a utilização dos inventos (quer em mão de obra, tempo despendido, melhorias técnicas ou vantagens econômicas, bem como à medicina e segurança do trabalho) entendeu o ínclito TST que a falta do requisito formal (expedição de carta patente) não poderia servir ao indeferimento da indenização e confirmou a decisão de primeiro grau que determinou o dever de ressarcimento do empregador ao obreiro.

Entendeu assim o órgão maior da Justiça do Trabalho, que o resultado inventivo do empregado propiciou uma utilidade extracontratual em benefício da exploração econômica do empregador, gerando direitos indenizatórios com o aporte supremo e hierárquico da Constituição Federal.

Em 2008, o Tribunal Regional do Trabalho da 14ª Região, no processo (A. Ind. n. 124/2005), prolatou decisão marcante, ao determinar que o trabalhador, autor de invento utilizado e registrado pelo empregador, sem nenhum pagamento adicional, fosse incluído como coproprietário da invenção junto ao INPI — Instituto Nacional de Propriedade Industrial, além de indenização por danos materiais no valor de R$ 500.000,00 (quinhentos mil reais).

Na lide, informou o autor que trabalhou na empresa ré, onde teria desenvolvido "recipientes que pudessem prevenir a contaminação por intermédio de resíduo biológico, bem como segregar adequadamente os resíduos dessa natureza", não tendo recebido nenhum valor relativo ao invento por parte da ré. Suas criações deram origem à marca Descartez II e Descartex, que basicamente são recipientes coletores de materiais perfurocortantes (seringas, agulhas de injeção).

Embora tenha sido acolhida parcialmente a prescrição, na forma do art. 225 da Lei de Propriedade Industrial (Lei n. 9.279/1996), entendeu o Juízo que o autor foi o inventor das duas invenções (sendo que em uma delas seu nome foi registrado junto ao INPI) e determinou que a empresa o incluísse como coproprietário da invenção que ainda não consta junto ao INPI em seu nome, e que também pagasse a indenização por danos materiais, uma vez que a lei assegura ao inventor uma justa remuneração ao trabalhador pela criação de produto, fruto de sua capacidade laboral que propiciou expressivos lucros ao empregador.

Apesar das dificuldades na obtenção de valores comercializados em relação ao invento, entendeu o Magistrado, considerando os critérios de viabilidade de produção, de larga aceitação no mercado, do tempo de vigência da patente de invenção de 10 (dez) anos a 20 (vinte) anos, como justa a indenização compensatória no montante de R$ 500.000,00 a ser paga pela ré, tendo por sua vez indeferido os danos morais.

Também em 2008, a Terceira Turma Recursal do Tribunal Superior do Trabalho inovou ao negar recurso da União (RR-644489-89.2000.5.03.5555), sucessora da extinta Rede Ferroviária Federal (RFFSA), mantendo o reconhecimento do direito à indenização a um ex-empregado, inventor de um instrumento que passou a ser usado pela empresa.

O caso é de um ex-empregado da extinta RFFSA, em Minas Gerais, que trabalhando na área de manutenção de vagões, idealizou e projetou dois aparelhos para auxiliar no trabalho de manutenção de vagões, conseguindo reduzir o tempo das tarefas.

A RFFSA teria sido a maior beneficiada com a invenção, que trouxe maior eficiência, rapidez e menor custo de manutenção. Porém, a empresa jamais o indenizou — nem durante o contrato de trabalho, nem após sua demissão.

O "inventor" demitido ingressou com Reclamação Trabalhista pedindo o pagamento de indenização referente à utilização, pela empresa, dos aparelhos que criou. Na Vara do Trabalho foi feita a comprovação da autoria das invenções e foi fixada uma indenização de cerca de U$ 390.000 (trezentos e noventa mil dólares). A RFFSA recorreu da sentença no Tribunal Regional da 3ª Região (MG), alegando que o ex-empregado não tinha o registro no Instituto de Propriedade Industrial (INPI) e, portanto, não poderia ser comprovada a autoria do invento. O TRT negou o apelo, confirmando a sentença.

A RFFSA recorreu ao TST buscando reformar a sentença regional: insistindo nos argumentos de inexistência do registro (patente) junto ao INPI e de que inventos desenvolvidos durante o contrato de trabalho seriam de propriedade da empresa.

A relatora do processo Ministra Rosa Maria Weber negou o apelo empresarial baseando-se estritamente pelos princípios laborais, ao afirmar que direito do trabalho não pode "permitir a alienação de força de trabalho, no caso concretizada na forma de uma criação intelectual, em favor do empregador, sem que o empregado seja por isso remunerado".

Em 2009, mais uma decisão chamou a atenção da doutrina, por conta de suas peculiaridades no trato da propriedade industrial. A Quarta Turma do Tribunal Superior do Trabalho, em decisão relatada pelo Ministro Fernando Eizo Ono, rejeitou recurso de Agravo de Instrumento (AIRR n. 125/2004-032-15-40.9) apresentado por engenheiro que teve seu Recurso de Revista trancado.

Na lide, o engenheiro que trabalhou no Grupo Automotivo Borgwarner por 21 anos, após ser dispensado, ingressou na Justiça do Trabalho pleiteando indenização e direitos de invenção, no importe de 120 mil dólares, pela invenção de um programa de computador denominado "Colossus", que foi utilizado pelo Grupo Automotivo Borgwarner, com matriz em Michigan (EUA), e unidades em 17 países.

As instâncias ordinárias concluíram que o programa era mera ferramenta de trabalho e não um programa independente que pudesse ser explorado e gerar dividendos.

A ação foi julgada improcedente pela 2ª Vara do Trabalho de Campinas, e a sentença confirmada pelo Tribunal Regional do Trabalho da 15ª Região (Campinas/SP). O Tribunal considerou "irretocável" a decisão. A juíza de primeiro grau julgou a ação com base na legislação relativa à propriedade intelectual, pois o dispositivo da CLT (art. 454), que tratava da questão, foi revogado nos anos 1970 pela lei que instituiu o Código de Propriedade Industrial (Lei n. 5.772/1971).

Vale destacar que a proteção da propriedade intelectual dos programas de computador é tratada especificamente pela "Lei do *Software*" (Lei n. 9.609/1998), que abrange apenas duas situações de propriedade das invenções: ou pertencentes ao empregador, ou pertencentes ao empregado. A referida lei não cuida da propriedade em comum da invenção (também chamada "invenção casual"), na qual o direito à exploração é exclusivo do empregador, sendo assegurada ao empregado a justa remuneração, como parcela na contribuição dos frutos do invento. De acordo com a lei, a propriedade intelectual somente será do empregado quando ele desenvolver um projeto que não tenha ligação com o contrato de trabalho, utilizando recursos próprios.

Na ação, o engenheiro afirmou que desenvolveu o programa "Colossus" em razão de dificuldades de uso e operação do *software* "Magnus", fornecido pela empresa Datasul. Segundo o engenheiro, a criação do "Colossus" consumiu 11 meses de dedicação, não só na sede da empresa, como também em sua casa, durante a noite e nos fins de semana. Afirmou ainda que o programa passou a ser utilizado em todas as áreas, exceto contabilidade e compras, como instrumento de consultas rápidas a dados de produção, engenharia, manutenção, processos, projetos industriais e estoque.

Na instrução processual, porém, verificou-se que o programa foi desenvolvido no horário de trabalho, com equipamentos e recursos da empregadora, para aprimorar e agilizar o trabalho dos empregados subordinados ao engenheiro, responsável pelo cumprimento do programa de produção. O "Colossus" era um programa independente, mas utilizava o banco de dados do programa principal ("Magnus"), que continha todas as informações dos projetos, desenhos e máquinas. Com base em depoimentos testemunhais, a juíza constatou que o "Colossus" precisava ser alimentado diária e manualmente com os dados de outro *software* ("Magnus"), e já não estava mais sendo utilizado na empresa.

Assim, segundo a sentença, a criação tecnológica tratava-se de mera ferramenta de trabalho, e não de programa independente que pudesse ser explorado e ainda hoje gerasse frutos. Além disso, não havia registro da propriedade, o que não inibiria sua tutela, mas reforçaria a conclusão de ser o programa propriedade da empresa.

Concluiu ainda o julgado, mantido na íntegra pelo TRT da 15ª Região que:

"O legislador talvez não tenha dado o mesmo tratamento às invenções de programas de computador porque tais inventos, devido à velocidade e frequência nas inovações, no mundo globalizado e virtual, mostram-se muitas vezes como mera ferramenta de trabalho, utilizada para incrementar e agilizar os sistemas produtivos, em qualquer área de atuação, não tendo razão de ser fora do ambiente de trabalho..."

No Acórdão que negou provimento ao Agravo de Instrumento do engenheiro, com o qual tentou destrancar o recurso que permitiria a análise do mérito da questão pelo TST, o Ministro Fernando Eizo Ono afirmou que a decisão que impediu a subida do recurso principal ao TST não mereceria reparo, na medida em que o acórdão regional baseou-se em provas e conferiu razoável interpretação aos dispositivos constitucionais e legais apontados como violados.

Recentemente, em 4.3.2011, foi publicado no *site* do Tribunal Superior do Trabalho[147] decisão proferida no Processo RR n. 7200-68.2004.5.13.0022, pela mais alta Corte do Judiciário Trabalhista, reconhecendo em favor de Escriturário da Caixa Econômica Federal da titularidade de invento e do seu direito de receber *royalties* pela utilização empresarial dos *softwares* criados por ele para a instituição. Como o trabalhador não fora contratado para exercer esse tipo de atividade, a Caixa foi condenada a pagar ao empregado 30% (trinta por cento) do valor do *software*, atribuindo R$ 500,00 (quinhentos reais) por cada cópia de programas de computador criado, num total de três mil cópias.

No último julgamento, a Sétima Turma do TST confirmou a decisão da Vara do Trabalho e do Tribunal Regional do Trabalho da 5ª Região (BA), que condenaram a Caixa com base na legislação que trata dos direitos autorais e de propriedade industrial.

No caso, o trabalhador foi contratado como escriturário pela Caixa, no entanto, devido aos seus conhecimentos na área de informática, a empresa lhe solicitou a criação de programas de computador para serem utilizados em todo território nacional, e que não estavam dentro das suas atividades como escriturário, não recebendo nenhum valor por tal atividade inventiva.

De acordo com o TRT da 5ª Região, "a criação de *softwares* e programas de computador são funções específicas de analistas e programadores, cargos, inclusive, que a ré admite existirem em seu quadro funcional. Frise-se, ainda, que inexiste prova nos autos de que tais funções encontram-se vinculadas às funções do cargo de escriturário exercido pelo reclamante".

Com isso, o trabalhador não teria direito apenas a diferença salarial com a remuneração de analistas e programadores. "Não houve, na hipótese dos autos, simples desvio de função, mas a criação e invenção de programas de informática que trouxe benefícios para a ré, sem que ela, em contrapartida, tivesse remunerado o reclamante por tais criações, conforme discriminadas na inicial", concluiu o TRT que aplicou, no caso, a Lei n. 91.279/1996.

---

(147) Extraído do *site* do Tribunal Superior do Trabalho: <http://ext02.tst.jus.br/pls/no01/NO_NO TICIASNOVO.Exibe_Noticia?p_cod_noticia=11869&p_cod_area_noticia=ASCS&p_txt_pesquisa= INVEN%C7%D5ES>.

Desta forma, o escriturário se enquadraria como criador de invenções casuais, sendo-lhe devida a justa remuneração, como determina o § 2º da aludida lei. De acordo com esse parágrafo, "é garantido ao empregador o direito exclusivo de licença de exploração e assegurada ao empregado a justa remuneração".

Quanto ao valor da condenação, o TRT da 5ª Região manteve a sentença de primeiro grau que fixou a importância da indenização ao equivalente a 30% do valor arbitrado ao *software*, atribuindo a cada uma das cópias do programa a quantia de R$ 500,00, num universo de três mil cópias por programa. Tal quantidade de cópias estaria prevista "no art. 56, parágrafo único da Lei n. 9.610/1998 que fixa o número de três mil cópias para as hipóteses de previsão contratual sobre o número de cópias a ser utilizado pelo contratante".

A Sétima Turma Recursal do TST concordou com a tese do TRT, segundo a qual o ônus da prova seria da Caixa, pelo fato de o preposto da empresa ter confirmado em audiência que o trabalhador realmente criava *softwares*. De acordo com a Juíza Convocada Maria Doralice Novaes, Relatora do recurso da Caixa na Sétima Turma, diante da confirmação do preposto da Caixa, a empresa "acabou por reconhecer o direito pleiteado, atraindo para si o ônus de comprovar a existência dos elementos relativos à improcedência, total ou parcial, do pleito", o que não o fez.

Conclui-se que a indefinição dos parâmetros legais abre margem para que a jurisdição se manifeste das formas mais variadas e inconsistentes, gerando manifesta insegurança jurídica no campo da propriedade industrial.

Observa-se que o campo maior de polêmica e controvérsia reside no elemento central da natureza econômica do contrato: a apropriação dos resultados da força de trabalho.

O empregador pode, e muitas vezes o é, condômino na apropriação, e ainda pode ser dela inteiramente expropriado.

Como bem remonta João da Gama Cerqueira[148], esta enorme exceção da essência econômica do contrato de trabalho traz dúvidas e grande possibilidade de litígios, porque a lei não resolve todas as implicações da ordem prática, como, por exemplo, o fato de o empregador não fornecer intencionalmente suas instalações e recursos para a atividade inventiva, podendo o trabalhador promover invenções por conta própria.

Assim, as legislações agasalham distinções da criação contratada, ou seja, aquela fruto da prestação laboral, considerando a utilidade tecnológica. A racionalidade econômica do capitalismo, neste caso, justifica a apropriação total por

---

(148) CERQUEIRA, João da Gama. Obra citada.

parte do empresário dos inventos contratados, por terem sido remunerados pelo salário desde a admissão.

No caso de trabalhadores cuja prestação não tenha sido contratada com vistas à criação tecnológica, o salário não pode servir de contraprestação para esse fruto incidental do trabalho e excepcional a atividade avençada entre as partes.

Conclusão

No intuito de evitar a concorrência entre os ex-trabalhadores, a Lei n. 9.279/1996 estabeleceu aos empresários a titularidade sobre invenções ou modelos de utilidade os quais o trabalhador tenha solicitado uma patente durante o ano seguinte à rescisão do seu contrato (art. 88, § 2º, da Lei n. 9.279/1996).

Em que pese sua intenção de impedir a fraude sobre os direitos e os interesses do empresário, a referida norma fomenta conflitos em sede dos direitos do inventor, à medida que cria uma presunção *iuris tantum*, que o invento pertence ao empresário durante o prazo fixado na norma, independente da natureza da prestação de serviços anteriormente realizada ou da natureza da atividade empresarial, critério adotado pelas leis italiana e portuguesa que restringem a presente presunção a identidade com o âmbito de atividade da empresa.

A legislação atual admite que o empresário, titular da patente relativa ao invento promovido pelo trabalhador, possa conceder a este uma participação nos ganhos econômicos resultantes da exploração do invento, ajustada previamente, "mediante negociação com o interessado ou conforme disposto em norma da empresa"[149].

Considerando que a titularidade da patente concedida ao empresário sobre inventos de trabalhadores ou de ex-trabalhadores está prevista em Lei, mas esta foi imprecisa nos limites desta presunção, há que se sopesar sua aplicação absoluta ante os fundamentos da Constituição da República Federativa do Brasil: III — a dignidade da pessoa humana; IV — os valores sociais do trabalho e a livre-iniciativa, e de acordo com os objetivos também fixados na Carta Maior, como, por exemplo, a promoção do desenvolvimento nacional.

Assegurando o incremento de recursos na pesquisa de desenvolvimento, em garantia dos direitos do empresário, o legislador dá ensejo à inibição da capacidade

---

(149) BRASIL. *Lei n. 9.279, de 14 de maio de 1996*. Regula direitos e obrigações relativos à propriedade industrial.

intelectiva dos trabalhadores que, diante das normas protetivas empresariais, se veem desestimulados a promover investigações, pesquisas e desenvolvimento de estudos criativos, que os poderiam levar a grandes criações tecnológicas ou artísticas.

Em que pese a disposição da Lei n. 9.279, de 1996, asseverar que o empresário ou tomador tem a exclusividade dos direitos sobre os inventos de seus ex--trabalhadores, esta merece uma aplicação com parcimônia, atendendo aos princípios contratuais da razoabilidade e da boa-fé, bem como os princípios constitucionais.

É preciso estudar as normas existentes em nosso sistema jurídico e as suas possíveis lacunas, procurando se fazer uma perfeita integração, conjugando ainda se preciso for, os princípios gerais do direito, principalmente o que veda o enriquecimento sem causa.

Neste diapasão, a presunção de titularidade do empresário sobre os inventos de trabalhadores há que ser concedida mediante a análise da realidade contratual, verificando qual a atividade desenvolvida da empresa e qual a função contratada, prevalecendo os direitos autorais até prova em contrário do empresário que atuou em prol do desenvolvimento da referida criação.

Em caso de invenção de empresa de autoria do trabalhador, no curso da relação de emprego, terá o trabalhador o seu reconhecimento como inventor, bem como direito aos frutos decorrentes da utilização lucrativa desta, sendo irrelevante a circunstância do invento ter sido propiciado mediante recursos, meios, dados e materiais, nas instalações da empresa, quando os serviços prestados pelo trabalhador eram absolutamente distintos da produção inventiva e esta se desenvolveu por conta exclusiva da iniciativa, criatividade e talento do trabalhador.

A coparticipação na criação inventiva deve ser avaliada na medida da contribuição pessoal do trabalhador à invenção e da importância desta para a empresa, se excedente ao conteúdo do contrato celebrado pelas partes.

E uma vez reconhecida a coparticipação, convém que seja pensado se o regime meramente contratual existente entre partes contratante e contratada atende a tal controvérsia ou se não haveria outro regime, mais específico, como o condomínio por exemplo, que poderia ser adotado para dirimir conflitos decorrentes desta copropriedade.

Impor, sem quaisquer considerações, o § 2º, do art. 88 da Lei n. 9.279/1996, significa deixar de contemplar princípios constitucionais inderrogáveis, inseridos no art. 5º, retardando o desenvolvimento tecnológico, e carregando o direito econômico de mazelas.

Em tempos os quais não mais se vê uma produção tecnológica tímida, para se manter o ritmo crescente da produção deve-se investir, fomentar e não permitir que o engessamento e a escassez de normas inibam novas criações.

A produção inventiva de aplicação industrial ainda está muito longe do quantitativo perseguido pelos programas de incentivo ao desenvolvimento tecnológico, mas começa a dar sinais positivos aos estímulos ocorridos.

Em que pese o Sistema Brasileiro de Inovação permitir parcerias relevantes através de convênios com instituições de ensino para reduzir o custo com programas de pesquisa, oferecer aporte financeiro através de amortizações de maquinário e subvenções fiscais, a sociedade empresarial ainda não reconhece na inovação tecnológica o combustível mínimo necessário para um crescente avanço mas já se familiariza com instrumentos propulsores dessa inovação, que até bem pouco tempo atrás eram completamente desconhecidos.

Por trás de palavras estáticas, a economia se transforma em busca de tecnologia ante a globalização que impõe constante modernização. Um dos elementos fundamentais para a inovação é a atividade de Pesquisa e Desenvolvimento (P&D) realizada no ambiente empresarial. O elemento criador da inovação é o cientista, o engenheiro, que trabalha para as empresas de produtos e/ou serviços P&D. A titularidade das invenções oriundas das mãos desses profissionais merece um regime jurídico claro e definido, condizente com o impacto e importância de sua criação na produção e expansão industrial.

Não se pode deixar de lado os vários aspectos que favorecem a apropriação indevida de invenções. Um deles é o tempo que um inventor leva para obter a patente definitiva, que pode chegar a dez anos no Brasil. Outra é a exigência dos órgãos de incentivo à pesquisa no País de que os resultados de trabalhos sejam publicados em revistas científicas de circulação mundial. Com a publicação antes que a patente seja formalizada, muitas ideias são copiadas e revendidas ao Brasil. O Brasil gasta altas somas em pesquisa e tem grandes pesquisadores, como, por exemplo, na Embrapa. Mas acaba perdendo um enorme patrimônio intelectual com a falta de um tratamento efetivo e consistente de seus resultados.

Como não se vislumbra nos escassos preceitos legais um reconhecimento efetivo da capacidade inventiva e tampouco métodos eficazes de proteger e desenvolver adequadamente essa capacidade, pela razoabilidade e proporcionalidade se deve buscar a exata medida da participação do criador na aplicação da sua capacidade intelectiva, e ao investidor a real contribuição com o fomento para o desenvolvimento da criação.

Referências Bibliográficas

ADOLFO, Luiz Gonzaga Silva; WACHOWICS, Marcos (coords.). *Direito da propriedade intelectual*: estudos em homenagem ao Pe. Bruno Jorge Hammes. Curitiba: Juruá, 2007.

ANDION, Carolina. Análise de redes e desenvolvimento local sustentável. *Revista de Administração Pública*, Fundação Getúlio Vargas, set./out. 2003.

ASCENSÃO, José de Oliveira. *Direito autoral*. Rio de Janeiro: Renovar, 2007.

ASSAFIM, João Marcelo de Lima. *A transferência de tecnologia no Brasil*. Rio de Janeiro: Lumen Juris, 2010.

BAILLY, Gustavo A. *Legislação sobre propriedade industrial no Brasil*. Rio de Janeiro: Imprensa Nacional, 1935.

BARBOSA, Denis Borges. *O inventor e o titular da patente de invenção*. Disponível em: <http://denisbarbosa.addr.com/113.rtf> Acesso em: 12.2.2011.

_____ . *Usucapião de patentes e outros estudos de propriedade intelectual*. Rio de Janeiro: Lumen Juris, 2006.

BARBOSA, Denis Borges (org.); BARBOSA, Ana Beatriz Nunes; MACHADO, Ana Paula. *Direito da inovação*: comentários à lei federal da inovação e incentivos fiscais à inovação da lei do bem. Rio de Janeiro: Lumen Juris, 2006.

BARRAL, Welber; PIMENTEL, Luiz Otávio (orgs.). *Propriedade intelectual e desenvolvimento*. Florianópolis: Boiteux, 2006.

BARROS, Alice Monteiro de. *Curso de direito do trabalho*. 2. ed. São Paulo: LTr, 2006.

BASTOS, Aurélio Wander. *Dicionário brasileiro de propriedade industrial e assuntos conexos*. Rio de Janeiro: Lumen Juris, 1997.

BASTIDA, Fátima Lois. La protección del inventor asalariado en el derecho brasileño. *Actas de Direito Industrial e Direito de Autor*, t. XX, 1999.

BELTRÃO, Alexandre Fontana. Palestra ministrada no *XV Seminário Nacional da Propriedade Intelectual* — 1995 da Associação Brasileira da Propriedade Intelectual: Propriedade Intelectual e Desenvolvimento Econômico.

BIGLER, Danemman Siemsen; MOREIRA, Ipanema. *Comentários à lei de propriedade industrial e correlatos.* Rio de Janeiro: Renovar, 2000.

BRASI JR., Clésio Gabriel di; GARCIA, Mario Augusto Soerensen; MENDES, Paulo Parente Marques. *A propriedade industrial.* Rio de Janeiro: Forense, 1997.

BRASIL. *Constituição (1988).* Constituição da República Federativa do Brasil.

_____. *Lei n 9.279, de 14 de maio de 1996.* Regula direitos e obrigações relativos à propriedade industrial.

_____. *Lei n 9.609, de 19 de fevereiro de 1998.* Dispõe sobre a proteção da propriedade intelectual de programa de computador, sua comercialização no País, e dá outras providências.

_____. *Lei n. 10.406, de 10 de janeiro de* 2002. Código Civil.

_____. *Lei n. 10.973, de 2 de dezembro de 2004.* Dispõe sobre incentivos à inovação e à pesquisa científica e tecnológica no ambiente produtivo e dá outras providências.

_____. *Lei n. 11.196, de 21 de novembro de 2005.* Institui o Regime Especial de Tributação para a Plataforma de Exportação de Serviços de Tecnologia da Informação — REPES, o Regime Especial de Aquisição de Bens de Capital para Empresas Exportadoras — RECAP e o Programa de Inclusão Digital; dispõe sobre incentivos fiscais para a inovação tecnológica; altera o Decreto-Lei n. 288, de 28 de fevereiro de 1967, o Decreto n. 70.235, de 6 de março de 1972, o Decreto-Lei n. 2.287, de 23 de julho de 1986, as Leis ns. 4.502, de 30 de novembro de 1964; 8.212, de 24 de julho de 1991; 8.245, de 18 de outubro de 1991; 8.387, de 30 de dezembro de 1991; 8.666, de 21 de junho de 1993; 8.981, de 20 de janeiro de 1995; 8.987, de 13 de fevereiro de 1995; 8.989, de 24 de fevereiro de 1995; 9.249, de 26 de dezembro de 1995, 9.250, de 26 de dezembro de 1995; 9.311, de 24 de outubro de 1996; 9.317, de 5 de dezembro de 1996; 9.430, de 27 de dezembro de 1996; 9.718, de 27 de novembro de 1998; 10.336, de 19 de dezembro de 2001; 10.438, de 26 de abril de 2002; 10.485, de 3 de julho de 2002; 10.637, de 30 de dezembro de 2002; 10.755, de 3 de novembro de 2003; 10.833, de 29 de dezembro de 2003; 10.865, de 30 de abril de 2004; 10.925, de 23 de julho de 2004; 10.931, de 2 de agosto de 2004, 11.033, de 21 de dezembro de 2004; 11.051, de 29 de dezembro de 2004, 11.053, de 29 de dezembro de 2004; 11.101, de 9 de fevereiro de 2005; 11.128, de 28 de junho de 2005, e a Medida Provisória n. 2.199-14, de 24 de agosto de 2001; revoga a Lei n. 8.661, de 2 de junho de 1993, e dispositivos das Leis ns. 8.668, de 25 de junho de 1993; 8.981, de 20 de janeiro de 1995; 10.637, de 30 de dezembro de 2002; 10.755, de 3 de novembro de 2003; 10.865, de 30 de abril de 2004; 10.931, de 2 de agosto de 2004; e da Medida Provisória n. 2.158-35, de 24 de agosto de 2001; e dá outras providências.

CABRAL, Plínio. *Revolução tecnológica e direito autoral.* Porto Alegre: Sagra Luzzato, 1998.

CARVALHO, Nuno T. P. Os inventos de empregados na nova lei de patentes. *Revista da ABPI*, n. 23, jul./ago. 1996.

_____. A aquisição e perda dos direitos de patente. *Revista Jurídica Lemi*, v. 14, n. 159, p. 3-30, fev. 1981.

CERQUEIRA, João da Gama. *Tratado da propriedade industrial.* 2. ed. São Paulo: Revista dos Tribunais, 1982.

CHARELLO, Marileusa D. Palestra proferida no *XXVII Seminário Nacional da Propriedade Intelectual* — 2007, da Associação Brasileira da Propriedade Intelectual: O Direito Autoral como instrumento de Desenvolvimento Econômico.

CHAUVET, Rodrigo da Fonseca. Algumas considerações sobre transferência de tecnologia para o setor público. *Revista TCMRJ*, n. 44, maio 2010.

CRUZ, C. H. de B.; PEREZ, J. F. Inovação tecnológica e a FAPESP. *Revista Pesquisa FAPESP*, São Paulo, n. 69, p. 1-3, out. 2001.

ELIAS, Luiz Antonio Rodrigues. Palestra de Inovação e Propriedade Industrial proferida no *XXVII Seminário Nacional da Propriedade Intelectual* — 2007, da Associação Brasileira da Propriedade Intelectual: A contribuição da Propriedade Intelectual para a aceleração do crescimento.

FORGIONI, Paula A. Importações paralelas no Brasil: a propriedade industrial nos quadrantes dos princípios constitucionais. In: *Ensaios sobre direito imaterial.* Rio de Janeiro: Lumen Juris, 2009.

FURTADO, Lucas Rocha. *Sistema de propriedade industrial no direito brasileiro.* São Paulo: Brasília Jurídica, 1996.

GNOCCHI, Alexandre. *A propriedade industrial no Brasil.* São Paulo: Inventa, 1981.

GOMES, Orlando; GOTTSCHALK, Elson. *Curso de direito do trabalho.* Rio de Janeiro: Forense, 1995.

GUIMARÃES, Eduardo Augusto. Políticas de inovação: financiamento e incentivos. *Revista IPEA*, 2008.

LUCAS, Marco Antonio. *Inovação tecnológica*: os interesses do investidor e do pesquisador--criador. Disponível em: <http://www.conpedi.org/manaus/arquivos/anais/campos/marco_antonio_lucas.pdf> Acesso em: 21.2.2011.

LUNA, Francisco; MOREIRA, Sérvulo; GONÇALVES, Ada. Financiamento à inovação. *Revista IPEA*, 2008.

MANSUR, Júlio Emilio Abranches. A retribuição econômica devida ao empregado pela exploração de invenção mista. *Revista da ABPI*, n. 82, p. 12, maio/jun. 2006.

MACEDO, M. F. G.; BARBOSA, A. L. F. *Patentes, pesquisa & desenvolvimento:* um manual da propriedade intelectual. Rio de Janeiro: Fiocruz, 2000.

MARINELLO, Luiz Ricardo. Palestra proferida no *XXVII Seminário Nacional da Propriedade Intelectual* — 2007, da Associação Brasileira da Propriedade Intelectual: O Direito Autoral como instrumento de Desenvolvimento Econômico.

MARTIGNONI, Diego. *O regime jurídico das invenções nas relações de trabalho.* Disponível em: <http://mtadvogados.com.br/docs/artigo0003.doc> Acesso em: 13.2.2011.

MENDONÇA, Carvalho de. *Tratado de direito comercial brasileiro*. Rio de Janeiro: Freitas Bastos, 1955.

MIRANDA, Pontes de. *Tratado de direito privado*: direito das obrigações. Rio de Janeiro: Borsoi, 1971. v. 26.

MITTELBACH, M. M. Propriedade industrial. In: CAVALCANTI, A. R. de H. (coord.). *Mesa-redonda regulamentação da propriedade intelectual do Brasil*: situação atual. Rio de Janeiro: REPICT; Brasília: ABIPTI, 1998.

MORAIS, J. M. *Políticas de apoio financeiro à inovação tecnológica*: avaliação dos programas MCT/Finep para empresas de pequeno porte. Rio de Janeiro: IPEA, 2007. (Texto para discussão n. 1.296).

NOGUEIRA, Lidiane Duarte; SOUZA, Guilherme Köpfer C. de. Os direitos da propriedade industrial e o contrato de emprego. In: *Trabalhos técnicos. Divisão Sindical*, abr. 2009.

OLIVEIRA, Juarez. *Propriedade industrial*. São Paulo: Saraiva, 1984.

PIMENTA, Eduardo. *Princípios de direitos autorais*. Rio de Janeiro: Lumen Juris, 2005.

PIMENTEL, L. O. *Direito industrial. As funções do direito de patentes*. Porto Alegre: Síntese, 1999.

PIRES, Paulo Valois. *A evolução da transferência de tecnologia no Brasil*. São Paulo, s/ ed., s/ data.

PRADO. Elaine Ribeiro do. *Trabalho inovador no direito do trabalho*. Monografia (Especialista em Direito e Processo de Trabalho). São Paulo: Universidade Presbiteriana Mackenzie, 2007.

SANTOS, Ozeias J. *Marcas e patentes* — propriedade industrial. São Paulo: Lex, 2000.

SANTOS, R. N. M.; LONGO, R. M. J. *Tecnologia da Informação como apoio à decisão*. MBA Executivo em Administração — Tecnologia de Informação. São Paulo: IBMEC Business School, 1999.

SCHUMPETER, Joseph A. *Teoria do desenvolvimento econômico*: uma investigação sobre lucros, capital, crédito, juro e o ciclo econômico. 2. ed. Tradução de Maria Sílvia Possas. São Paulo: Nova Cultural, 1985.

SILVEIRA, N. *A propriedade intelectual e a nova lei de propriedade industrial* (Lei n. 9.279, de 14.5.1996). São Paulo: Saraiva, 1998.

SÜSSEKIND, Arnaldo; Maranhão, Délio; VIANNA, Segadas; TEIXEIRA, Lima. *Instituições de direito do trabalho*. 18. ed. São Paulo. LTr, 1999. v. 1.

SUZIGAN, Wilson. *Indústria brasileira*: origem e desenvolvimento. São Paulo: Brasiliense, 1986.

VARELLA, Marcelo Dias. *Propriedade intelectual de setores emergentes*: biotecnologia, fármacos e informática. São Paulo: Atlas, 1996.

VEIGA JÚNIOR, Dídimo Agapito. *Marcas de fábrica.* Rio de Janeiro: Garnier, 1887.

VETTER, Roberto; SANTOS, Antero. *Propriedade industrial no Brasil.* Rio de Janeiro: s.ed., 1964.

VIEIRA, Marcos Antonio. *Propriedade industrial. Patentes.* Florianópolis: Conceito, 2008.

VILLELA, Aníbal Villanova; SUZIGAN, Wilson. *Política de governo e crescimento da economia brasileira.* 1889-1945. Rio de Janeiro: IPEA/INPES, 1975.

ZANON, Marcus Julius. Patentes como ferramenta de informação tecnológica. In: *Programa de capacitação de agentes de inovação e extensão tecnológica,* Curitiba, 26 de nov. de 2002.

ZIBETTI, Fabíola Wüst. Propriedade intelectual e a estandardização no âmbito do comércio. In: BARRAL, Welber; PIMENTEL, Luiz Otávio (orgs.). *Propriedade intelectual e desenvolvimento.* Florianópolis: Boiteux, 2006.

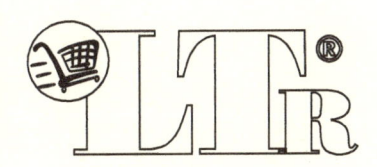

LOJA VIRTUAL
www.ltr.com.br

BIBLIOTECA DIGITAL
www.ltrdigital.com.br

E-BOOKS
www.ltr.com.br